C.H.BECK ■ WISSEN

in der Beck'schen Reihe

Afrika ist die Urheimat aller heute lebenden Menschen. Trotzdem gilt Afrika immer noch als ein Erdteil ohne Geschichte –
und heute als eine politisch und wirtschaftlich hoffnungslose
Weltgegend.

Das Buch zeichnet die Geschichte Afrikas über fünf Jahrtausende: vom alten Ägypten bis in die Gegenwart. Es behandelt
ganz Afrika vom Mittelmeer bis zum Kap der Guten Hoffnung.
Es zeigt das Wechselspiel zwischen der Eigendynamik der Völker Afrikas, die sich in harten Klimazonen einrichten mussten,
und ihrer Herausforderung aus Übersee: durch Christentum
und Islam, Sklavenhandel, Kolonialherrschaft und den Kalten
Krieg der zweiten Hälfte des 20. Jahrhunderts.

Franz Ansprenger ist emeritierter Professor für Internationale
Politik und leitete von 1968 bis 1992 die Arbeitsstelle Politik
Afrikas an der Freien Universität Berlin.

Franz Ansprenger

GESCHICHTE AFRIKAS

Verlag C.H.Beck

1. Auflage. 2002
2., durchgesehene Auflage. 2004
3., überarbeitete und aktualisierte Auflage. 2007

4., aktualisierte Auflage. 2010

Originalausgabe
© Verlag C.H.Beck oHG, München 2002
Satz: Fotosatz Reinhard Amann, Aichstetten
Druck und Bindung: Druckerei C.H.Beck, Nördlingen
Umschlagentwurf: Uwe Göbel, München
Printed in Germany
ISBN 978 3 406 47989 2

www.beck.de

Inhalt

Vorwort zur vierten Auflage

Deutschland hat in Horst Köhler einen Bundespräsidenten, der sich für Afrika engagiert, weil er Afrika kennt. Seiner Initiative kann dieses schmale Buch vielleicht, soll es jedenfalls, ein wenig helfen, damit einige Menschen deutscher Sprache etwas mehr von Afrika kennen lernen, damit auch sie sich dann hoffentlich für Afrika einsetzen – über die Fußball-WM 2010 hinaus.

Eine *Geschichte Afrikas* in das Korsett von 128 Druckseiten zu pressen, bleibt ein Wagnis. Es setzt voraus, dass wir Europäer wirklich etwas dazu gelernt haben seit den Jahren 1822–31, als Georg Wilhelm Friedrich *Hegel* an der Berliner Universität seine Vorlesungen über die Philosophie der Geschichte hielt. Damals sagte er über das «eigentliche» (sein Wort) Afrika, nämlich den «südlich von der Wüste Sahara gelegenen» Teil: «Es ist das in sich gedrungene Goldland, das Kinderland, das jenseits des Tages der selbstbewussten Geschichte in die schwarze Farbe der Nacht gehüllt ist ... Im 16. Jahrhundert sind aus dem Inneren ... Ausbrüche von gräulichen Scharen erfolgt, die sich auf die ruhigeren Bewohner der Abhänge gestürzt haben ... Was von diesen Scharen bekannt geworden, ist der Kontrast, dass ihr Benehmen, in diesen Kriegen und Zügen, die gedankenloseste Unmenschlichkeit und ekelhafteste Rohheit bewies, und dass sie nachher, als sie sich ausgetobt hatten, in ruhiger Friedenszeit sich sanftmütig, gutmütig gegen die Europäer, da sie mit ihnen bekannt wurden, zeigten.»

Hier haben wir die meisten Phantome versammelt, die bis heute in europäischen Hirnen über schwarze Afrikaner spuken. Fernsehbilder aus Rwanda oder Sierra Leone sind dazu angetan, sie jederzeit zu aktivieren. Dabei sollten wir – wir Deutsche – vielleicht einfach die oben zitierten Sätze Hegels ein zweites Mal lesen, dabei aber in Gedanken das 20. statt dem 16. Jahrhundert einsetzen, Europa statt Afrika, und bei den

«gräulichen Scharen» an unsere eigene Wehrmacht und SS denken. Dann hätten wir ein ziemlich genaues Bild von Geschichte
vor Augen, das bei unseren Nachbarvölkern durchaus noch
lebendig ist.

Ein anderes, vermutlich solideres Mittel, um in unseren
Köpfen – und jetzt meine ich die aller Europäer, nicht nur der
deutschen – die afrikanischen Gespenster zu bannen, ist die
Beschäftigung mit der Wirklichkeit Afrikas, und dazu gehört
seine Geschichte. Eine knappe Darstellung ist dafür besser geeignet als gar keine. Hängt es vielleicht mit den Phantomen zusammen, die Hegel einst so unbefangen beim Namen nannte,
dass Afrika fast immer, wenn wir über «Weltpolitik», über
«Globalisierung» und dergleichen reden oder schreiben, be-
stenfalls als fünftes Rad am Wagen behandelt wird? Würden
wir die Geschichte unseres Nachbarkontinents etwas besser
kennen, könnten wir uns das bei der Behandlung aktueller «internationaler Beziehungen» kaum leisten.

Es muss die Geschichte ganz Afrikas sein. Wir dürfen jetzt
nicht mehr – was Hegel in seinen Vorlesungen auch schon tat,
ebenso Westermann 1952 – gedanklich das dem Mittelmeer
und somit Europa zugewandte Nordafrika vom «schwarzen»
Afrika abtrennen. Die Sahara war nie eine Schranke für Wan-
del, Handel oder Krieg, das Niltal erst recht nicht. Was aber
steckt hinter dieser scheinbar rein geographischen Unterscheidung? Wollen wir immer noch Menschen mit etwas hellerer
Hautfarbe als eine «höherstehende Rasse» von denen mit
dunklerer Haut absondern?

Es muss schließlich eine Geschichte von Anfang an sein.
Denn der Anfang von uns allen, und jetzt ist die ganze Gattung
Homo sapiens sapiens gemeint, liegt im Herzen Afrikas.

Franz Ansprenger   *im März 2010*

I. Heimat der Menschenarten –
oder: Der Große Sprung von Olduvai Gorge nach Gizeh

Der Anfang der Geschichte? Vorgeschichte? Archäologie? Paläoanthropologie? Erdgeschichte? Die Grenzen zwischen den wissenschaftlichen Fächern verschwimmen. Wenn wir nach europäischem Vorverständnis als Geschichte nur anerkennen, was in schriftlichen Quellen überliefert ist, folglich die Geschichtsschreibung und Geschichtswissenschaft (zumindest in der Hauptsache) auf solchen Schriftquellen beruhen muss, und wenn wir alle Kenntnisse, die sich vornehmlich aus Bodenfunden ergeben, der Vorgeschichte zuordnen – dann haben die meisten Länder Afrikas in der Tat nur eine kurze Geschichte von wenigen Jahrhunderten, überdies eine im Wesentlichen durch fremde Augen gesehene Geschichte, eine von fremder (arabischer, europäischer) Hand fixierte Geschichtsschreibung.

Dem steht die hohe Wahrscheinlichkeit entgegen, dass alle Menschen, die heute die Erde bevölkern, aus Afrika stammen. Wir haben uns seit längerer Zeit daran gewöhnt, dass Afrikas Boden die ältesten Fossilien der zoologischen Familie preisgibt, die wir im stolzen Bewusstsein, uns von Tieren inklusive den Menschenaffen zu unterscheiden, Hominiden nennen. Jetzt rechnen – besser: schätzen oder spekulieren – wir nicht mehr in Jahrhunderten, sondern in Jahrmillionen. Ob der zuerst 1924 in Südafrika entdeckte Australopithecus africanus vor ungefähr drei Millionen Jahren die Abzweigung markiert oder bereits vor etwa viereinhalb Millionen Jahren der in Äthiopien ausgegrabene Ardipithecus ramidus, wie viele Arten von Hominiden die durch Louis Leakey (1903–72) berühmt gewordene Olduvai Gorge in Tanzania gleichzeitig oder nacheinander bevölkerten, das alles müssen Naturwissenschaftler sortieren und debattieren. Der älteste Hominide, den Leakey als «Mensch» klassifi-

zierte, weil er ihm als erstem die Herstellung wirklicher Stein-
werkzeuge zuschrieb – der 1960 aufgefundene Homo habilis –,
lebte in Ostafrika vermutlich vor 2,2 bis 1,5 Millionen Jahren.

Wenn Naturwissenschaftler uns dann sagen, dass wir heutigen Menschen – die Spezies Homo sapiens sapiens – etwa
98 Prozent unserer Gene mit den afrikanischen Menschenaffen
gemeinsam haben, dass wir folglich mit Schimpansen und Go-
rillas etwa so eng verwandt sind wie die Pferde mit den Zebras
[*Stringer&McKie* 1996:29], dann mag das unseren primären,
den auf die Gesamtmenschheit gerichteten Rassenstolz bereits
etwas ins Zwielicht tauchen.

Es war eine ältere Menschenart – der Homo erectus –, die vor
einer runden Million Jahren als erste aus der afrikanischen Urheimat aufbrach, um sich im Ablauf von Zeiten, die wir nicht
bestimmen können, über weite Gebiete Asiens und Europas
auszubreiten. Im Körperbau war der Homo erectus uns heutigen Menschen fast gleich, sein Gehirnvolumen brachte es bereits auf zwei Drittel des unsrigen.

Es gibt eine Schule der Paläoanthropologie, die annimmt,
dass sich der Homo sapiens sapiens aus dem Homo erectus an
verschiedenen Orten entwickelt habe. Diese Schule der «Multiregionalisten» ist geeignet, unserem sekundären, dem spezifischen Rassenstolz des weißen Europäers zu schmeicheln, denn
wenn die Multiregionalisten recht haben, brauchen wir in den
schwarzen Afrikanern nur so etwas wie Vettern zu sehen, nicht
unbedingt unsere Schwestern/Brüder oder gar unsere Eltern
(was sie natürlich nicht sein können, denn einige zehntausend
Jahre haben wir bestimmt getrennt voneinander gelebt).

Die andere Schule, die einen einheitlichen Ursprung der gesamten heutigen Menschheit vertritt, vor ungefähr 200 000 Jahren, und zwar wiederum in Afrika in einem begrenzten Raum
und in einer Größenordnung von zeitweilig nur noch etwa
10 000 Erwachsenen [*Stringer&McKie* 1996:229], beruft sich
auf eindrucksvolle Argumente insbesondere aus der Genfor-
schung. Von Afrika aus sind demnach rund 100 000 Jahre später – also zur Halbzeit der bisherigen Geschichte des Homo
sapiens sapiens – moderne Menschen wiederum zuerst nach

Asien, später (vor vielleicht «erst» 40 000 Jahren) von dort nach Europa aufgebrochen, haben auf der Landbrücke des Vorderen Orients mit älteren Europäern – den Neandertalern – zusammengelebt und diese dann in (geologisch betrachtet) rasantem Tempo von kaum mehr als zehntausend Jahren aus Europa verdrängt. Welche Farbe die Haut dieser Menschen aus Afrika hatte, die dann ihre Kunstwerke an die Höhlenwände im heutigen Spanien und Frankreich malten (wir benennen sie nach dem Fundort Cro Magnon) – darüber lässt sich nur spekulieren, und es ist im Ergebnis nicht von Belang. In der Zwischenzeit dehnten die in Afrika verbliebenen modernen Menschen ebenfalls ihre Siedlungsräume aus – bis zum Kap im Süden und durch die Sahara, die während der Eiszeiten periodisch von Savanne bedeckt war, bis an die Südufer des Mittelmeers. Speziell der Sahara kommt für die Frühgeschichte Afrikas eine Schlüsselrolle zu: Im Zeitraum von vor etwa 30 000 bis 14 000 Jahren war sie mindestens so trocken wie heute und vermutlich von Menschen unbewohnt; darauf folgte – während in Europa ab etwa 10 000 v. Chr. die Gletscher der letzten Eiszeit abschmolzen – bis ca. 5500 v. Chr. eine Feuchtperiode, die dann wieder von allmählicher Austrocknung abgelöst wurde. Solange zwischen Niger und Nil genug Regen fiel, existierten dort Menschen, die über steinzeitliche Technik verfügten, von der Jagd, von Fischfang und gesammelten Pflanzen lebten. Archäologische Funde deuten darauf hin, dass sie gegen Ende der Feuchtperiode anfingen, Tiere zu zähmen und Getreide anzubauen.

Wir stehen jetzt schon – in geologischen Dimensionen – dicht vor der Schwelle zur Geschichte Afrikas im striktesten Sinne, das heißt zur schriftlichen Überlieferung. Um das Jahr 3000 v. Chr. begannen die Ägypter, ihre «heiligen Zeichen» (griechisch: Hieroglyphen) zu entwickeln. Bis kurz vor das Jahr 400 n. Chr. blieben sie im Gebrauch. Aber wer waren diese Ägypter? Das ist eine gerade in jüngster Zeit heiß umstrittene Frage unter Historikern, Archäologen, Bio- und Sprachwissenschaftlern. Die Sahara stellt auch in dieser Debatte einen Dreh- und Angelpunkt dar. Schon deshalb ist es übrigens kaum angezeigt, die Geschichte Afrikas in eine Geschichte «Afrikas südlich der

Sahara» und eine davon abgewandte des mediterranen Afrika zu zerlegen.

Der senegalesische Gelehrte Cheikh Anta Diop (1923–86), nach dem jetzt die von der französischen Kolonialmacht gegründete Universität Dakar benannt ist, vertrat zeitlebens mit Leidenschaft die These [zuletzt im zweiten Band der von der UNESCO getragenen *General History of Africa*], die Ägypter der Antike seien aus dem Süden gekommen, aus dem «schwarzen Afrika», sie hätten folglich eine schwarze Haut gehabt, seien «Nègres» gewesen – alle. Als Cheikh Anta Diop 1954 sein erstes großes Buch veröffentlichte [*Diop 1979*], war dieses ominöse Wort zumindest auf Französisch keineswegs ein Schimpfwort, frankophone Afrikaner und Afro-Amerikaner schrieben stolz über ihre *Négritude*. Diops umstrittene These (er selbst begründete sie hauptsächlich mit der Nähe der altägyptischen Sprache zu seiner eigenen Muttersprache, dem westafrikanischen Wolof) leuchtet ein – zumindest für einen erheblichen Teil der Bevölkerung Ägyptens – wenn wir voraussetzen, dass auf dem Weg, den vor rund 25 000 Jahren der Nil sich bahnen sollte, schon viel früher moderne Menschen aus Ostafrika nach Asien und Europa vordrangen. Andere Wissenschaftler vermuten, dass eine erhebliche Anzahl von Bewohnern der Sahara in das Niltal drängte, als die Lebensbedingungen dort sich zu verschlechtern begannen. John Iliffe [*1997:22 f.*] meint jedoch, dass die Sahara-Bewohner «hauptsächlich Negriden [waren], und sie verbreiteten wahrscheinlich die Nilosaharanischen Sprachen in der Region, wo sie noch heute gesprochen werden».

Libyer – wie man in der Antike alle Einwohner der Sahara nannte – dürften also durchaus über einen langen Zeitraum hinweg aus ihrer allmählich austrocknenden Urheimat in das Tal des stets Wasser führenden Nil gedrängt sein und dadurch einen Beitrag zur Konzentration von Menschen auf diesem engen Raum geleistet haben. Freilich wäre es kühn, sich generell auf die Hautfarbe dieser Libyer festlegen zu wollen. Die Bezeichnung schließt sicher auch Vorfahren der europiden Berber ein, die heute in den Bergen Marokkos und Algeriens sowie in der Wüste selbst (Touareg) leben.

Zwar erhielt die Sahara noch bis etwa 2400 v. Chr. Regenwasser genug, um in weiten Zonen westlich und östlich des Nils ein Steppenklima zu erhalten, in dem Großwild und Rinderherden existieren konnten; das zeigen Grabdekorationen aus dem Alten Reich bis zur 6. Dynastie. Selbst die letzte «kleine Eiszeit», die in Europa im 16.–18. Jahrhundert n. Chr. registriert wurde, wirkte sich in der Sahara mit merklich erhöhten Regenmengen aus. Aber die pharaonische Staatsgewalt, einmal etabliert, dürfte kaum erhebliche Wellen neuer Einwanderung zugelassen haben. Als König Cheops (er regierte ca. 2549–2526 v. Chr.) bei Gizeh die erste Große Pyramide bauen ließ, können wir annehmen, dass eine weitgehende Stabilisierung der Bevölkerungsstruktur Ägyptens erreicht war.

Staatsgewalt: der moderne Begriff, auf das antike Ägypten angewandt, ist keineswegs anachronistisch. Im Gegenteil, die Menschen erdulden heute noch – jetzt weltweit – die Gewalt von Staaten, weil sie ihrer aus ziemlich genau demselben Grund bedürfen wie die Ägypter um 3000 v. Chr. Das Zusammenleben auf engem Raum erfordert eine über Raum, Zeit und Anzahl der beteiligten Personen weit gespannte, organisierte Nutzung der begrenzten natürlichen Ressourcen. In Ägypten waren das das Wasser und der Schlamm des Nil in dem Maße, wie Regenwasser ausfiel. Soviel Land wie möglich musste bewässert und beackert werden (Weizenanbau ist im Vorderen Orient seit dem 8. Jahrtausend v. Chr. durch Carbon-14-Messungen nachgewiesen); für die Erwartung der jährlichen Flut war ein Kalender einzuführen (und aufzuschreiben); Werkzeuge aus Kupfer (seit ca. 4000 v. Chr.) oder später aus Bronze erwiesen sich als brauchbarer als polierter Stein; und für alle anfallenden Arbeiten zu jeder Zeit ist bekanntlich ein Aufseher wichtiger als zehn Arbeiter. Kurz: Herrschaft, Königtum, Staatsgewalt drängten sich auf. Die Pyramiden waren das Nebenprodukt.

Die heute noch übliche Periodisierung der altägyptischen Geschichte geht auf den Priester Manetho zurück, der etwa 280 v. Chr. im Auftrag der damals am Nil herrschenden Ptolemäer – der Erben Alexanders d. Gr. – die Geschichte des Reiches niederschrieb und dabei 30 Dynastien unterschied.

Alle Jahreszahlen zur alten Geschichte Ägyptens sind mit Vorsicht aufzunehmen. Sie gehen zurück auf Angaben, wie lange die einzelnen Pharaonen regiert haben. Dabei gab es Überschneidungen: Rivalen erhoben gleichzeitig Ansprüche auf den Thron, oder ein Herrscher berief einen Mitregenten. Die Anpassung der Daten an den Gregorianischen Kalender wird hauptsächlich mit Hilfe der Sothis-Zyklen des altägyptischen Sonnenjahres vorgenommen: Es war mit 365 Tagen um einen Vierteltag kürzer als das natürliche Sonnenjahr, sodass der ursprünglich durch die erste Beobachtung des Aufgangs des Fixsterns Sothis (= Sirius) markierte Jahresanfang erst nach 1460 Jahren tatsächlich wieder auf den ersten Tag des Kalenderjahres fiel. Das allen Juden, Christen und Muslimen vertrauteste Ereignis altägyptischer Geschichte, der Exodus der Israeliten, lässt sich übrigens nicht einmal annähernd datieren, denn die Bibel nennt den Pharao, dem Moses gegenüberstand, nicht mit Namen.

Die großen Perioden sind einigermaßen gesichert. Im Alten Reich (ca. 2575–2130 v. Chr.) [so die *Britannica CD 2000;* danach alle Jahreszahlen dieses Kapitels] war Ägypten ein straff zentral regiertes Land mit Memphis als Hauptstadt – südlich des Delta dicht an der Grenze zwischen den alten Teilstaaten Unter- und Ober-Ägypten errichtet. Es folgten runde hundert Jahre innerer Konflikte und kulturellen Niedergangs. Dann fasste ein Herrscher von Theben in Ober-Ägypten – beim heutigen Luxor – die beiden Landesteile zusammen und begründete das Mittlere Reich. Es bestand bis ca. 1600 v. Chr., griff militärisch nach Palästina und Syrien im Nordosten aus, im Süden nach Nubien (d. h. in das Tal des Nil zwischen der ersten und der zweiten Stromschnelle, den so genannten Katarakten). Seit etwa 1630 v. Chr. jedoch bereitete eine Welle massiver Einwanderung semitischer Nomaden aus Vorderasien nach Unter-Ägypten der Staatsgewalt zunehmend Probleme. Sie brachten das gezähmte Pferd erstmals nach Ägypten – und diese Pferde waren vor Streitwagen gespannt. Von den Ägyptern Hka-Hasut (bei dem griechisch schreibenden jüdischen Historiker aus dem 1. Jahrhundert n. Chr., Josephus Flavius, der Manetho zitiert: Hyksos) genannt – das heißt Fremdherrscher –, schwangen sich ihre Führer als 15. Dynastie selbst auf den Thron der Pharaonen. Aber die Macht der Hyksos reichte nie weit nach Süden, in Theben hielten sich einheimische Herrscher, und von dort aus unterwarf oder vertrieb Pharao Ahmose I. (ca. 1539–1514 v. Chr.) die Eindringlinge. Er gilt als Gründer des Neuen Reiches, das bis 1075 Bestand hatte. Alsbald stieg Ägypten wieder zur regionalen Großmacht auf.

Die militärische Entfaltung ägyptischer Kraft richtete sich (verständlich nach der soeben gemachten Erfahrung!) vornehmlich nach Nordosten. Das Neue Reich sicherte sich ein Glacis in Israel/Palästina, Libanon und Syrien. Einige der heute gebräuchlichen Namen stammen direkt aus den Ereignissen von damals: Die Bezeichnung Palästina für die Landbrücke zwischen Ägypten und Syrien prägten die Römer im 2. Jahrhundert n. Chr. in Erinnerung an das Volk der Philister, das wir auch aus der Bibel kennen und das die Küstenebene bewohnte. Es gehörte zu den «Seevölkern», die zur Regierungszeit der Pharaonen Merneptah (1213–1204) und Ramses III. (1187–1156) auch die Mittelmeerküste Ägyptens heimsuchten. Mernepthahs Vorgänger war der berühmte Ramses II., der 1279 als dritter Pharao der 19. Dynastie den Thron bestiegen hatte und 66 Jahre lang herrschte.

Das Neue Reich war stark genug gewesen, um neben der kostspieligen Machtpolitik im Norden auch militärische Expansion nach Süden zu betreiben. Nubien war jetzt nicht nur – wie zuvor – Ziel ägyptischer Feldzüge, sondern wurde in Gestalt zweier Provinzen fest in den Staat einbezogen; die Südprovinz mit der Hauptstadt Napata (am vierten Katarakt) erhielt den Namen Kusch, der in späteren Jahrhunderten zu höheren Ehren kam. Vorerst errichteten die Pharaonen Thutmose I. (Regierungszeit 1493–ca. 1482) und Thutmose III. (1479–1426) ihre Grenzstelen bei Kurgus an der Nilschleife zwischen dem vierten und dem fünften Katarakt. Ramses II. baute die Mahnmale seines Königtums in Gestalt von mindestens zehn Tempeln, darunter der berühmte, dank der UNESCO aus den Wassern des Nil-Stausees gerettete von Abu-Simbel.

Was suchte Ägypten bei diesem «Rückweg» entlang der uralten Wanderungsroute, auf der vielleicht die Vorfahren seiner Bevölkerung einst von Süden nach Norden gezogen waren? Hier in Richtung Zentralafrika gab es neben den rein militärischen auch wirtschaftliche Interessen. Schon das Alte Reich bezog Baumaterial für Königsgräber und Statuen sowie vor allem Sklaven aus Nubien; die zahlreichen Darstellungen gefesselter Gefangener an Ägyptens Denkmälern legen davon Zeugnis ab. Auch eine Kupferschmelze aus der Zeit des Alten Reiches ist nahe dem zweiten Katarakt gefunden worden. In späteren Jahrhunderten waren nubische Bogenschützen als Soldaten in Ägyptens Armeen geschätzt. Gold und Edelsteine wurden geschürft, nach denen die in grandiosen Dimensionen bauenden und prunkenden Pharaonen des Neuen Reiches dürsteten. Vor allem aber war Nubien die Landbrücke in weiter südlich gelegene Länder, zu denen das Neue Reich Handelskontakte auch über See pflegte. Königin Hatshepsut, die über Ägypten von 1479 bis zu ihrem Tode ca. 1458 herrschte (während offiziell der junge Thutmose III. schon Pharao war), hat in ihrem berühmten Tempel bei Luxor dokumentiert, dass sie eine Flotte von fünf Schiffen in das Land Punt schickte, um Weihrauch erzeugende Bäume anzuliefern. Später kamen Fürsten aus Punt mit Geschenken an den Hof der Pharaonen. Um 1150, als das Neue Reich verfiel, scheint der Handelsverkehr zwischen Ägypten und Punt abgebrochen zu sein. Wo aber lag Punt? Es gilt als wahrscheinlich, dass die nördliche Somali-Küste bis Kap Guardafui damals diesen Namen trug.

Nach dem Jahr 1075 v. Chr. war Ägypten wieder in rivalisierende Staaten aufgespalten. Im Norden drängten Libyer in das Niltal, im Süden gewöhnten sich die Vizekönige von Kusch daran, als unabhängige Herrscher im pharaonischen Stil zu regieren. Man kann sich den Kopf zerbrechen, ob wir in ihnen und ihrer Aristokratie eher ägyptische Kolonisten oder aber ägyptisierte Nubier sehen wollen. Das führt kaum weiter als heutzutage die Frage, ob die tonangebenden Leute im einstigen Nubien – im Sudan – Araber oder Afrikaner sind. Jedenfalls kehrten sie für ein knappes Jahrhundert den Spieß des Imperialismus um: König Piankhi von Kusch (Regierungszeit 750–ca. 719) stieß bis Memphis vor und setzte sich die Kronen beider Ägypten aufs Haupt. Der letzte König der so begründeten 25. Dynastie war Taharqa (690–664), der sich vergebens dem Angriff der neuen vorderasiatischen Großmacht Assyrien auf Unter-Ägypten entgegenstellte, aber bis zu seinem Tod wenigstens Theben halten konnte. Erst 656 trieb der berühmte Assyrerkönig Ashurbanipal, der 668–627 regierte, die Kuschiten nach Nubien zurück.

Ein ägyptischer Vasall Assyriens in der Stadt Sais (im Delta des Nil), Psamtik I., konnte im gleichen Jahr so etwas wie ein einheimisches Königtum über ganz Ägypten wiederherstellen, da die Assyrer am Aufbau direkter Herrschaft nicht interessiert waren. Die von ihm begründete Dynastie erlosch 525, als der zweite Großkönig des neuen Reiches der Perser, Kambyses, Ägypten bis zum ersten Katarakt seinen Ländern hinzufügte. Von diesem Datum an – wir stehen jetzt dank griechischer Historiker auf gesichertem chronologischen Boden – löste eine Fremdherrschaft über Ägypten die andere ab – bis 1952 n. Chr. Die Kultur des pharaonischen Ägypten, seine Schrift und Religion jedoch lebten nördlich und südlich des ersten Katarakts weiter. Die Könige von Kusch verlegten nach 590 v. Chr. ihre Hauptstadt von Napata nach Meroë (zwischen dem fünften und sechsten Katarakt, etwa 150 Kilometer nördlich des heutigen Khartoum). Bergbau – Gold und Eisen – sowie die Kontrolle des Fernhandels über Land in den ferneren Süden erlaubten ihnen, einen Lebensstil (und den Bau von Pyramiden als königliche Grabstätten) nach pharaonischem Vorbild aufrecht zu erhalten. In ihren Tempeln wurden nicht nur Amun und andere ägyptische Götter, sondern auch der einheimische Löwengott Apedemak verehrt. Meroë wurde erst ca. 350 n. Chr. durch einen Angriff der Äthiopier von Aksum zerstört. In Ägypten, wo der makedonische Eroberer Alexander d. Gr. sich 331 v. Chr. in der Oase Siwa als Sohn des alten Reichsgottes Amun inthronisieren ließ, versank die kulturelle Kontinuität mit den Pharaonen erst, als der oströmische Kaiser Justinian (Regierungszeit 527–565 n. Chr.) nicht nur die «heidnische» Akademie in Athen, sondern auch den Isistempel in Philae an der Südgrenze Ägyptens schloss.

Allgemein bekannt ist, welches Erbe das pharaonische Ägypten der (allgemeinen) Nachwelt hinterließ – zum großen Teil in Konkurrenz mit der gleichzeitigen Entwicklung in Vorderasien: die Schrift, den Staat, Militär und Imperialismus, das Rechtswesen, Grundlagen der Medizin, nicht zu vergessen die zunächst fehlgeschlagene religiöse Revolution Pharao Echnatons (Regierungszeit 1353–1336/5 v. Chr. – sicher lange vor der undatierbaren Offenbarung Gottes vor den Israeliten am Sinai): den Monotheismus. Umstrittener ist, ob sich speziell im übrigen Afrika ein kulturelles und politisches Erbe ausgebreitet hat, abgesehen von der direkt übernommenen Zivilisation in Napata und Meroë. Wer die Ausprägungen sakralen Königtums studiert, wie sie Europas Kolonisatoren im 19. Jahrhundert im westlichen Sudan (etwa bei den Mossi im heutigen Burkina Faso) und im Kongobecken vorfanden, fühlt sich durchaus an das erinnert, was wir über die Pharaonen wissen. Aber direkte Traditionslinien lassen sich nicht nachweisen.

Nein, das auf seine Geschichte stolze Afrika von heute kann und wird nicht darauf verzichten zu betonen, dass die Pharaonen des antiken Ägypten zu ihm, zu dieser Geschichte gehören. Niemand bestreitet deshalb anderen Afrikanern, die keinen Kontakt zum alten Ägypten hatten, ihre eigene Geschichte zu erforschen, auf ihre selbstständigen kulturellen und politischen Leistungen stolz zu sein.

II. Die Wanderung der Bantu-Völker

Aus dem Alten Reich Ägyptens ist überliefert, dass ein gewisser Harkuf im Auftrag des Pharao Pepi II. aus der 6. Dynastie (ca. 2325–2150 v. Chr.) nach Süden reiste und aus dem Lande Yam neben anderen Exotika einen «tanzenden Zwerg» mitbrachte. Aus dieser Notiz ist vorschnell geschlossen worden, Harkuf sei tief ins Innere Afrikas vorgedrungen, denn es werde sich wohl um einen Pygmäen gehandelt haben. Auf solche Spekulationen sollte der Historiker sich nicht einlassen. Wir haben keinerlei Hinweis, wo das Land Yam gelegen haben mag, und wenn auch Pygmäen im allgemeinen als Zwerge erscheinen mögen, so sind deshalb längst nicht alle kleingewachsenen Menschen Pygmäen.

Ebenso auf schwankendem Boden steht die Annahme, wenn irgendwo (nicht nur in Afrika) eine bestimmte Sache – etwa eine Arbeitstechnik – an zwei geographisch getrennten Stellen auftaucht, dann müssten Menschen vom Punkt A zum Punkt B gewandert sein. Für die afrikanische Geschichte gibt es gleichwohl handfeste Indizien, dass ausgedehnte Verschiebungen größerer oder kleinerer Bevölkerungsgruppen stattgefunden haben. Sie waren von sehr unterschiedlichem Charakter. John Iliffe [1997:86] spricht für Westafrika seit ca. 5000 v. Chr., als die Sahara allmählich austrocknete – analog zur dichteren Besiedlung des Niltals –, von einer «kontinuierlichen Bevölkerungsbewegung Richtung Süden, die sich mit gletscherhafter Trägheit vollzog». Aus ihr ergab sich das komplizierte Mosaik höchst unterschiedlicher Sprachgemeinschaften, das wir heute noch in dieser Großregion zwischen Wüste und den Resten des westafrikanischen Regenwaldes nahe der Atlantikküste finden – innerhalb der «Großfamilie» der Niger-Kongo-Sprachen. Unter dieser Bezeichnung fassen Linguisten fast alles zusammen, was zwischen Senegal und Indischem Ozean gesprochen wird.

In erheblich schnellerem Tempo breiteten sich die Völker aus, die Bantu-Sprachen sprechen – die geographisch am weitesten verbreitete Untergruppe der Niger-Kongo-Sprachen. Über ganz Zentral-, Ost- und Südafrika hinweg sind ihre Sprachen so eng miteinander verwandt, dass die Linguisten daran keinen Zweifel lassen. Das Wort «Bantu» meint einfach «Menschen» bei den Bakongo und Baluba (im Westen bzw. Südosten des heutigen Staates Kongo-Kinshasa), und in allen Bantu-Sprachen bedeutet es mit leichten Abwandlungen dasselbe. Diese Sprachen stehen sich ungefähr so nahe wie die romanischen Sprachen Europas, obwohl Wissenschaftler natürlich mangels schriftlicher Quellen die gemeinsame Bantu-Wurzel rekonstruieren müssen, während wir Latein in Originaltexten nachlesen können.

Ebenso klar ist, dass die Verbreitung der Bantu-Sprachen nicht auf ein historisch fassbares Imperium zurückgeht; wir müssen nach anderen Ursachen suchen, dürfen uns dabei allerdings erinnern, dass im Römischen Reich z. B. in Gallien eine Version des Latein sich nicht deshalb durchgesetzt hat, weil die keltischen Einwohner durch Kolonisten aus Italien verdrängt worden wären. Sie haben vielmehr die Sprache der Eroberer übernommen. In Nordafrika breiteten in ähnlicher Weise die wenigen Araber, die als Eroberer im 7. Jahrhundert den Islam verkündeten, ihre Sprache aus, sodass nur in den Bergen Marokkos und Algeriens Berber-Sprachinseln übrig blieben. Wenig später übernahmen in Europa Eroberer die Sprache der Unterworfenen: Die Normannen gaben in England nach 1066 das Französische zugunsten des Angelsächsischen auf. Im Gebiet der Großen Seen Ostafrikas sprechen die Tutsi dieselben Bantu-Sprachen wie die vor der Kolonialzeit von ihnen beherrschten Hutu, obwohl sie in Körperbau und Lebensstil offensichtlich den benachbarten Masai in Kenia und Tanzania sowie anderen Völkern nahe stehen, die eine kuschitische Sprache (benannt nach dem antiken Staat in Nubien) aus der von den Linguisten klassifizierten Großfamilie der Nilosaharanischen Sprachen sprechen.

Wo die Ursprungsregion – das «Latium» – der Bantu-Völker lag, ist umstritten; sie wird nördlich oder südlich der Zone dichten Regenwaldes im Kongobecken vermutet, wobei die Autoren des einschlägigen Kapitels 6 im Dritten Band der *General History of Africa* (der Ugander Lwango-Lunyiigo und der Belgier Vansina) im Gefolge des amerikanischen Linguisten Joseph Greenberg der mittleren Benue-Region im heutigen Nigeria den Vorzug geben. Von dort müssen zwischen 500 v. Chr. und 500 n. Chr. die Wanderungsbewegungen ausgegangen sein, wobei sich zunächst eine westliche und eine östliche Gruppe trennten. Die Träger der westlichen Bantu-Sprachen, die sich im Vergleich zur anderen Gruppe stärker auseinander entwickelten, umkreisten die Zone dichten äquatorialen Regenwaldes im Kongobecken zunächst entlang der Atlantikküste und von Norden, bevor sie als kleine Gemeinschaften in den Wald einsickerten, der sie wirkungsvoll voneinander isolierte. Auch die Ausbreitung der östlichen Bantu über Ost- und Südostafrika müssen wir uns eher als Besiedlung unbewohnten Landes denn als Eroberungszüge vorstellen, bei denen Menschen anderer Sprachen unterworfen worden wären. In ihrer Ursprungsregion müssen die «Proto-Bantu», als sie noch keine Metalle verwendeten, in erheblichem Maße von der Fischerei gelebt haben. In späterer Zeit zeichnet sich die Kultur aller Bantu-Völker durch eine Kombination von Ackerbau und Rinderzucht sowie durch den Gebrauch eiserner Werkzeuge (einschließlich Waffen) aus, wenngleich umstritten ist, ob der gemeinsame Sprachfundus Spezialausdrücke für die Eisenschmelze einschließt.

Wenn Menschen mit einer solchen Lebensweise neue Siedlungsgebiete suchten (vielleicht, weil sie sich infolge ihrer technischen Errungenschaften stärker vermehren konnten), dürften sie Land bevorzugt haben, das sich durch seinen Wasserhaushalt und andere Faktoren am besten für die Kombination von Ackerbau und Viehzucht eignete. Trockengebiete haben sie kaum interessiert, und so ist es wohl kein Zufall, dass wir heute noch gerade im trockenen Zentral-Tanzania viele Einsprengsel von Sprachgemeinschaften finden, die nicht zur Bantu-Gruppe gehören.

Jedenfalls bezeugen sprachliche Gegebenheiten und archäologische Funde, dass das Gebiet der Großen Seen Ostafrikas bis 500 n. Chr. von Bantu-Sprechern besiedelt – und alsbald, sei es zwecks Feldanbau oder Erzverhüttung, erheblicher Teile seines Waldbestandes beraubt wurde. Im 2. Jahrhundert n. Chr. finden wir Bantu-Völker im Süden von Mozambique, um 1000 am Kei-Fluss in Südafrika. Dort wanderten sie nicht weiter, da die Witterungsverhältnisse im westlichen Kapland den Anbau ihres Hauptnahrungsmittels Sorghum nicht zulassen.

Dieses Gebiet verblieb den Khoisan-Sprechern. Ein Teil dieser Bevölkerungsgruppe, die zuvor sicher in erheblich größeren Räumen Afrikas als Jäger und Sammler anzutreffen war, übernahm von den Bantu-Sprechern das Leben mit Rindern; sie werden im Unterschied zu den urtümlich weiterlebenden San («Buschleute» sagten später die Europäer) als Khoikhoi bezeichnet, und die Holländer am Kap nannten sie nach 1652 «Hottentotten» (weil sie ihre Sprache nicht verstanden). Im Austausch überließen Khoikhoi und San ihren Bantu-Nachbarn Klicklaute, die andere Bantu-Sprachen nicht kennen; das muss jeder lernen, der versucht, schon den Namen des beiderseits des Kei ansässigen Volkes – der Xhosa – korrekt auszusprechen.

In ähnlicher Weise – weil die Lebensbedingungen in den Kernzonen des äquatorialen Waldes den Bantu-Sprechern nicht zusagten – blieben im Kongobecken Jäger und Sammler anderen Körperbaus und anderer Sprache erhalten: die Pygmäen.

Wir dürfen annehmen, dass die historisch bedeutsamen Völkerwanderungen in Afrika um das Jahr 1000 abgeschlossen waren, jedenfalls bis zu den Zeiten, als die Europäer kolonisierend in Erscheinung traten. Seit diese wieder abgezogen sind, deuten vielleicht – es ist zu befürchten – Millionen Menschen umfassende Flüchtlingsströme, ausgelöst von Krieg und Bürgerkrieg, neue Verschiebungen in der Besiedlung des Erdteils an.

III. Einer der ältesten Söhne Christi – der Löwe von Juda in Äthiopien

Im 10. Kapitel des Ersten Buches der Könige lesen wir die sozusagen jugendfreie Version der Geschichte vom Besuch einer Königin von Saba beim israelitischen König Salomo (Regierungszeit ca. 962–922 v. Chr.): «Sie kam nach Jerusalem mit sehr großem Gefolge, mit Kamelen, die Spezereien und eine große Menge Gold und Edelsteine trugen. Sobald sie zu Salomo hineingekommen war, trug sie ihm alles vor, was sie auf dem Herzen hatte. Salomo aber gab ihr auf alle Fragen Bescheid.» In Addis Abeba kann man auf dem Markt Bilder kaufen, die stereotyp diese Geschichte in kräftigeren Farben erzählen, so wie sie im Buch der äthiopischen Geschichtslegende aus dem 14. Jahrhundert steht – dem *Kebra Negast* («Ruhm der Könige»): Demnach redeten die beiden Monarchen nicht nur, sie schliefen auch miteinander, und auf dem Heimweg trug die Königin unter ihrem Herzen einen Sohn – Menelik I., den ersten Kaiser von Äthiopien. Nun kann das Land Saba nicht in Afrika gelegen haben, denn das Kamel kam erst im zweiten Jahrhundert n. Chr. auf diesen Kontinent. Wir wissen von Saba auch aus assyrischen, griechischen und römischen Schriftquellen seit dem 8. Jahrhundert v. Chr. Die Königin kam demnach aus dem Süden Arabiens, dem heutigen Jemen. Zwischen diesem Land und Äthiopien allerdings bestanden von alters her enge Kontakte. Neben Menschen kuschitischer Sprache lebten auf dem Hochland des Horns von Afrika seit dem zweiten Jahrtausend v. Chr. solche, die die semitische Sprache Ge'ez sprachen und später mit einem südarabischen Alphabet schrieben. Nach der Übernahme des Christentums sollte Ge'ez zur Kirchensprache Äthiopiens werden; aus ihr entwickelten sich das heutige Amharisch und Tigrisch. Dieses Volk dürfte aus Arabien über das Rote Meer gekommen sein und trieb schon bald nach der Zeit, in der Salomo und seine Gastfreundin lebten, Handel mit Saba.

Die Apostelgeschichte berichtet in Kapitel 8, dass der Apostel Philippus kurz nach der Kreuzigung und Auferstehung Jesu von einem Engel Gottes auf die Straße von Jerusalem nach Gaza geschickt wurde; «... und siehe, ein Äthiopier, ein Eunuch und Kämmerer der Königin Kandake von Äthiopien, ihr oberster Schatzmeister, war nach Jerusalem gekommen, um anzubeten. Jetzt befand er sich auf dem Heimweg, saß in seinem Wagen und las den Propheten Jesaja», und alsbald ließ er sich bekehren und in einem Teich am Straßenrand taufen. Dieser Mann dürfte tatsächlich aus Afrika gekommen sein, aber eher aus Nubien, das bei Griechen und Römern Äthiopien hieß und wo damals das Königreich Meroë blühte, als von weiter südlich. Die jüdische Religion kann durchaus zu dieser Zeit bis nach Nubien verbreitet gewesen sein, zumal die äthiopischen Falascha, die sich selbst «Haus Israels» nennen, damals schon existierten, wurden sie doch von der Entwicklung im übrigen Judentum abgeschnitten, bevor nach der Zerstörung Jerusalems 70 n. Chr. gelehrte Rabbiner den Talmud niederschrieben.

Aksum, die im Tigre-Hochland gelegene Hauptstadt des ältes-

ten historisch greifbaren Staates auf dem äthiopischen Hochland, verdankte seinen Aufstieg in den letzten Jahrhunderten
vor Christus seinem Platz im Fernhandel. Hier ließen sich die
Güter aus dem Inneren Afrikas sammeln – Elfenbein, Sklaven,
Nashorn-Hörner, Schildpatt, Obsidian –, die dann nach einer
Überlandreise von fünf Tagen über den von einem Ptolemäer-Kö-
nig angelegten Hafen Adulis (nahe dem heutigen Massawa) nach
Arabien oder ins Römische Reich gelangten. So schildert der im
ersten Jahrhundert n. Chr. verfasste *Periplus Maris Erythraei*,
das Seefahrtshandbuch eines ägyptischen Kaufmanns, die Ge-
schäftsbedingungen im Süden des Roten Meeres.

Wir haben es hier mit einer afrikanischen Zivilisation zu tun,
die nicht wie das pharaonische Ägypten oder das nur von
diesem beeinflusste Kusch allein aus einheimischer Wurzel
erwuchs, sondern aus dem Kontakt mit Menschen, Gütern und
einer Kultur von außerhalb Afrikas. Aber Aksum war keine
bloße Nachahmung Sabas. Ein für die Gesellschaftsordnung
des nördlichen Äthiopiens bis zur Gegenwart konstituierendes
Element kann nicht aus Arabien importiert worden, sondern
muss aus der afrikanischen Umwelt selbst hervorgegangen sein:
ein auf eigenen Füßen stehender Ackerbauernstand, der auf
den jeweils eng begrenzten Flächen des Hochlandes (die tief
eingeschnittenen Flusstäler waren kaum zu durchqueren und
ungesund) mit hölzernen Pflügen genug Getreide anbaute, um
Missernten aus eigener Kraft zu überstehen, und der nie gezwungen war, sich unter das Joch eines «Großen Hauses» (so
die wörtliche Bedeutung von «Pharao») zu beugen, das eine
lebenswichtige Ressource wie das Nilwasser hätte regulieren
müssen.

Die Könige von Aksum errichteten auf dieser gesellschaftlichen Basis einen Staat, der hauptsächlich der militärischen
Kontrolle des Handels einschließlich von Kriegszügen gegen
kommerzielle Rivalen diente. Dazu bedurfte es einer Rangfolge
örtlicher Befehlshaber, die auch für Bauten zuständig waren,
unter der Autorität des Monarchen; er führte schon damals –
wie Haile Selassie I. (1892–1975) bis 1974 – den Ge'ez-Titel *Negus Negest*: König der Könige. Insofern erinnerte dieses antike

Äthiopien an europäische sozio-politische Systeme einer späteren Zeit – an den mittelalterlichen Feudalismus. Der Ausschaltung eines Handelsrivalen diente wohl auch die Zerstörung von Meroë um 350 n. Chr. durch den aksumitischen König Ezana. In drei Sprachen – Ge'ez, Sabäisch und Griechisch – ließ Ezana seinen Ruhm in Stein meißeln.

Ezana war es auch, der das Christentum in Aksum willkommen hieß, wenige Jahrzehnte nachdem Konstantin den gleichen Schritt in Rom und Konstantinopel getan hatte. Allerdings brauchte er keinen Kompromiss mit einer bereits seit Generationen in breiten Schichten der Bevölkerung etablierten Kirche zu schließen, sondern konnte den neuen Glauben an den Einen Gott – mit nachhaltigerem Erfolg als einst Pharao Echnaton – in eigener Machtvollkommenheit einführen. Die Präsenz einer jüdischen Gemeinschaft in Äthiopien trug vielleicht dazu bei, Bezüge zum «Alten Testament» besonders stark hervorzuheben. Bis 1974 bezeichnete sich der christliche Herrscher als «Löwen von Juda» und gründete seine Legitimität auf die legendäre Abstammung von Salomo.

Überliefert ist, dass ein junger Mann namens Frumentius aus dem phönizischen Tyros am Königshof von Aksum Zuflucht fand, als der Geschäftsmann, den er begleitete, ermordet wurde. Frumentius wurde zum Hauslehrer der Königssöhne ernannt – darunter Ezana – und fand bei ihnen offene Ohren für christliche Lehren. Er reiste dann ins Imperium heim und berichtete in Alexandria dem Patriarchen Athanasius (293–373), dem berühmten Vorkämpfer des «richtigen Glaubens» (= Orthodoxie) gegen die Christuslehre des Arius, seine Erfahrungen. Athanasius weihte ihn zum Bischof und schickte ihn nach Äthiopien zurück, um dort die Kirche aufzubauen.

In der Folge untergruben die dogmatischen Zerwürfnisse, die mit dem Streit zwischen Arius und Athanasius erst begannen, die Akzeptanz römisch-byzantinischer Herrschaft in Vorderasien und besonders in Ägypten. Im Jahre 451 verurteilte das Konzil von Chalcedon die monophysitische Lehre, wonach in Jesus Christus nur eine (göttlich-menschliche) Natur vorhanden sei, zugunsten der in Rom bevorzugten Doktrin von zwei

Naturen in Christus. Nun glaubten die ägyptischen Christen einschließlich des Patriarchen in Alexandria monophysitisch, während der Kaiser in Byzanz ein Interesse daran hatte, dem Konzil zu folgen – besonders, wenn er wie Justinian im 6. Jahrhundert seine Macht wieder auf Italien ausdehnen wollte.

Die Kirche Äthiopiens, ihrer Herkunft aus Alexandria getreu, blieb monophysitisch, während die «Kaisertreuen» (man kennt sie bis heute im christlichen Orient als *Melkiten*, nach dem aramäischen Wort für das Römisch-Byzantinische Imperium) in Syrien und Ägypten die «Häretiker» unterdrückten, die daraufhin hundert Jahre später die Muslime als Befreier begrüßten. Sobald Damaskus im Jahre 635, Jerusalem 638 und Alexandria 642 dem Kalifat einverleibt waren, brach die politische und kommerzielle Verbindung des christlichen Äthiopien zu Byzanz wie zum lateinischen Katholizismus für Jahrhunderte ab. Dort hielt sich während des Mittelalters nur die verschwommene Legende von einem fernen christlichen Priesterkönig Johannes jenseits der islamischen Welt, deren realer Kern freilich nicht nur in Afrika zu suchen ist, sondern auch bei den über Zentralasien verstreuten nestorianischen Christen (benannt nach einer weiteren Glaubensspaltung). Erst 1395 und 1450 gelangten äthiopische Gesandte nach Mailand und Rom.

Die Johannes-Legende könnte als realen afrikanischen Hintergrund auch das christliche Nubien haben. Dort fasste der neue Glaube im 6. Jahrhundert in den drei Herrschaftsbereichen Fuß, in die das alte Kusch zerfallen war: Nobatia im Norden jenseits der Südgrenze des byzantinischen Ägypten, Makouria im Raum des zerstörten Meroë und Alwa noch weiter südlich beim heutigen Khartoum.

Das christliche Nubien behauptete sich lange Zeit. Nach einer unentschiedenen Schlacht bei Dongola, der Hauptstadt Makourias, im Jahre 652 schloss der islamische Befehlshaber mit den Christen einen Friedensvertrag, von arabischen Historikern mit einem Lehnwort aus dem Griechischen (*Pakton*) als *Baqt* bezeichnet, der bis ins 14. Jahrhundert in Kraft blieb. Danach löste sich die christliche Zivilisation und Staatsordnung in Nubien auf, mehr infolge innerer Schwächen als unter den Attacken islamischer Nachbarn (in Ägypten regierten seit 1260 die militaristischen Mamelucken). Der *Baqt* wird gerade in heutigen Debatten über die Friedensfähigkeit eines fundamentalistischen Islam gern als historisches Beispiel zitiert, dass sich die Muslime der Frühzeit nicht unbedingt zum «Heiligen Krieg» gegen Nachbarn verpflichtet fühlten.

In Ägypten lebten Christen unter islamischem Regiment als tolerierte Minderheit weiter. Nach eigener Angabe gehörten dieser koptischen Kirche 1992 mehr als 9 Millionen Ägypter an [*www.coptic.net – Zugriff 17.12.2009*] – 16 % der Bevölkerung; offiziell scheut man das Thema, um Fundamentalisten nicht zu reizen.

In Äthiopien behauptete sich die christliche Monarchie auch ohne *Baqt*. Vor dem Aufkommen des Islam hatte Aksum sogar offensiv in Kriegshändel zwischen jüdischen und christlichen Gemeinschaften in Süd-Arabien eingegriffen; ein byzantinischer Historiker berichtet für das Jahr 525 von einem siegreichen Feldzug der Äthiopier. Auch bei dieser Expansion spielten wirtschaftliche Interessen eine Rolle: Aksum und Byzanz rivalisierten mit dem sassanidischen Persien um die Kontrolle der alten, einst von den Schiffen der Pharaonin Hatshepsut befahrenen «Weihrauchstraße». Als Mohammed ab 622 ganz Arabien im Zeichen des Islam politisch vereinigte und seine Nachfolger ab 636 in wenigen Jahren das Sassaniden-Reich eroberten, war dieser Wettstreit zugunsten der neuen Macht entschieden.

Während Byzanz sich in Kleinasien und im östlichen Mittelmeer vorerst behauptete, brach die königliche Zentralgewalt in Aksum im 8. Jahrhundert zusammen. Angriffe des zwischen dem Nil und dem Roten Meer beheimateten Nomadenvolks der Bedja auf den Norden des heutigen Eritrea trugen dazu bei. Ein letztes Mal griff eine äthiopische Flotte 702 Arabien an und konnte kurzfristig Djiddah besetzen. Dann eroberten Muslime die Seeherrschaft im Roten Meer, besetzten die Inseln vor Adulis und zerstörten die alte Hafenstadt. Sie übernahmen die Küsten des heutigen Eritrea und errichteten ein Sultanat in Zeila an der Somaliküste, nahe dem heutigen Djibouti.

Auf den Hochflächen des Hinterlandes jedoch weigerte sich die äthiopische Kirche, aus der Geschichte zu verschwinden oder den Schutz des Islam hinzunehmen. Ihre Bischöfe, Priester und Mönche bewährten sich – ganz ähnlich wie in Europa nach dem Zusammenbruch Westroms – als Beschützer des Bauernvolkes vor allen möglichen Nöten, die von Menschen und in Afrika sicher mehr noch als in Europa von der Natur ausgingen. Die Schriftkultur überlebte, die Bibel und andere Bücher wurden aus dem Griechischen ins Ge'ez übersetzt. In den Klöstern wurde jungen Aristokraten Bildung vermittelt. Nebenbei sicherte sich die Kirche Verfügungsgewalt über erhebliche Teile des ursprünglich dem König zustehenden Grund und Bodens, ohne allerdings die Eigenständigkeit der Bauern zu zerstören. Von den weltlichen Herren, die sich über die Jahrhunderte abmühten, soviel politisch-militärische Macht wie möglich zusammenzuhalten, ist um 1200 der Name des Königs Lalibela aus der Zagwe-Dynastie (kuschitischer Herkunft) vornehmlich deshalb berühmt geblieben, weil er in der nach ihm benannten Stadt zwölf kunstvoll ausgeschmückte Kirchen aus dem natürlichen Fels hauen ließ – «... eines der sprichwörtlichen Wunder dieser Welt» [*Bartnicki&Mantel-Nie'cko 1978:19*].

Wenige Jahrzehnte später, 1268 oder 1270, kam mit kräftiger Unterstützung der Kirche Yekuno Amlak auf den Thron. Er leitete eine Renaissance der politischen und militärischen Macht des christlichen Äthiopien ein. Während in Europa die deutschen Kaiser des *Sacrum Imperium* nur abstrakt beanspruchten, ihre Würde von den alten Caesaren Roms abzuleiten, gab der neue *Negus Negest* (in der Folge wollen wir den Titel mit «Kaiser» übersetzen, wie in der deutschen Literatur üblich) Äthiopiens vor, von Menelik I. – also von Salomo – abzustammen, als Zugabe auch von der einst in Aksum regierenden Dynastie. Tatsächlich gehörte er dem Volk der Amharen an und stammte aus der Südprovinz Shoa, wohin sich jetzt der Schwerpunkt der Staatsmacht verlagerte. Letzter Kaiser der «Salomonischen» Dynastie sollte 1930–74 Haile Selassie I. sein.

Kaiser Amda Tseyon (= »Pfeiler Zions«; Regierungszeit 1314–44), der achte Nachfolger Yekuno Amlaks, errang 1331 und 1335 folgenschwere militärische Siege über seine muslimischen Nachbarn im Süden.

Für zweihundert Jahre war Äthiopien nun regionale Großmacht am Horn von Afrika, bestätigt durch einen neuerlichen Sieg Kaiser Zara Yakobs (Regierungszeit 1434–68) im Jahre 1445 über das Sultanat Adal (in der Gegend des heutigen Harar). Äthiopien blieb freilich keineswegs frei von inneren Spannungen: zwischen Kaiser und Kirche oder in Gestalt eines Aufbegehrens der Falascha. 1528 wendete sich jedoch das Blatt, als den Muslimen ein charismatischer Führer in der Person Ahmad ibn Ibrahim al-Ghazis erwuchs, den die Christen Ahmad Grañ – den Linkshänder – nannten. Er schlug den Kaiser Lebra Denegel vernichtend und verwüstete Äthiopien bis weit in den Norden hinein. 1541 kam Hilfe in Gestalt eines portugiesischen Expeditionskorps, das die äthiopische Armee modernisierte. So konnte Kaiser Galawdewos (= Claudius, Regierungszeit 1540–59) im Jahre 1543 Ahmad Grañ in der Nähe des Tana-Sees zur Schlacht stellen. Der Muslim fiel, Norden und Mitte Äthiopiens blieben christlich.

Hauptstadt der Zentralregierung war jetzt Gondar nördlich des Tana-Sees, da sich weiter südlich immer stärker das Volk der Oromo oder Galla (wie die Amharen sagten) ausbreitete. Kirche und Hof bemühten sich, wenigstens die Oberschicht der Oromo zu assimilieren, das heißt zu christianisieren, was ab etwa 1700 dazu führte, dass in Gondar de facto Oromo-Generäle herrschten und die Autorität der Kaiser kaum noch im engeren Umkreis von Tigre etwas galt. In Shoa bildete sich ein neues amharisches Machtzentrum. In Gondar bäumte sich die alte Zentralgewalt im 19. Jahrhundert nochmals auf, wurde aber in militärischer Konfrontation gegen zwei neue Bedrohungen von außen gebrochen: Kaiser Tewodros II., der 1855 den Thron bestiegen und sich gegen die Oromo-Aristokratie durchgesetzt hatte, beging 1868 Selbstmord nach einem unglücklichen Gefecht mit einer britisch-indischen Truppe, die als Vorhut des zwanzig Jahre später im Ernst beginnenden *scramble* der europäischen Imperialisten um Afrika die Gegenküste des seit 1839 britischen Flottenstützpunkts Aden erkundete. Der

1872 gekrönte neue Kaiser Yohannes IV., der als *Ras* (Herzog) von Tigre mit den Briten paktiert hatte, zog 1889 gegen den vier Jahre zuvor gebildeten Staat des Mahdi im Sudan zu Felde und fiel in einer für die Äthiopier siegreichen Schlacht.

Damit war das Feld frei für den *Negus* von Shoa, Menelik, den Norden zu übernehmen und sich zum Kaiser aufzuschwingen – selbstverständlich unter dem Banner der «Salomonischen Dynastie». Als Menelik II. regierte er bis 1913 und gilt zu Recht als Begründer des modernen Äthiopien. Von seiner Hauptstadt Addis Abeba aus – der «Neuen Blume» – erwies er sich den europäischen Imperialisten ebenbürtig, indem er weite Gebiete rings um das äthiopische Kernland – vor allem im Süden und Südwesten – eroberte, die überwiegend von Oromo und (die Provinz Ogaden) von Somali bewohnt waren. Mit der überseeischen Macht, die am deutlichsten Appetit auf Äthiopien gezeigt hatte, indem sie seit 1885 von der Hafenstadt Massawa aus ihre Kolonie Eritrea und im Süden Somalia okkupierte – Italien –, suchte er zuerst ein friedliches Auskommen und unterzeichnete unmittelbar nach seiner Thronbesteigung, am 2. Mai 1889, den Vertrag von Wichale (italienisch Ucciali). Aus Meneliks Sicht war es ein Freundschafts-, aus italienischer ein Protektoratsvertrag. Darüber kam es alsbald zum Streit. Menelik bereitete sein Militär sorgfältig vor, bevor er es Ende 1895 an der Nordgrenze aufmarschieren ließ. Am 1. März 1896 brachte bei Adwa Äthiopiens Heer (etwa 100 000 Mann stark) als einzige afrikanische Streitmacht in dieser Phase der Geschichte einer bedeutenden europäischen Truppe (14 500 Italiener) eine schwere Niederlage bei. Am 26. Oktober 1896 sicherte der Vertrag von Addis Abeba Äthiopiens Unabhängigkeit für die nächste Generation. Die Rache des (jetzt faschistischen) Italien, das 1935/36 Äthiopien attackierte und annektierte, blieb Episode. Im Zweiten Weltkrieg erzwangen britische Truppen rasch die Kapitulation der Italiener, am 5. Mai 1941 kehrte Kaiser Haile Selassie triumphal nach Addis Abeba zurück.

IV. Der Islam in Afrika bis 1500 n. Chr.

Die rapide Ausbreitung des Islam in den ersten Generationen nach dem Tod des Propheten Mohammed 632 n. Chr. hat das Verhältnis Afrikas zu Europa grundlegend verändert – ähnlich tiefgreifend wie mehr als tausend Jahre später die koloniale Eroberung. Bis zum Vordringen der Muslime entlang der nordafrikanischen Küste, das 640 mit der Schlacht bei Heliopolis in Unterägypten begann und bereits 711 in die Eroberung des westgotischen Spanien mündete, lebten die Menschen an allen Ufern des Mittelmeeres in engem Verbund – keineswegs immer in einem friedlichen, wenn wir an die Invasionen der «Seevölker» in Ägypten denken oder an die drei erbitterten Kriege, in denen Rom sich 264–146 v. Chr. gegen Karthago durchsetzte, bis die Rivalin total vernichtet war. Alsbald erhob sich aber über den Ruinen ein neues römisches Karthago, und die Provinz *Africa* wurde – sobald Ägyptens Landwirtschaft ausgeplündert war – zur Kornkammer der ständig nach Einfuhr des Grundnahrungsmittels Weizen hungernden Megastadt Rom. Ob diese koloniale Monokultur dem Lebensniveau der einheimischen Bevölkerung mehr genutzt oder mehr geschadet hat, wird ebenso umstritten bleiben wie dieselbe Frage für denselben Raum (und für ganz Afrika) im 19. und 20. Jahrhundert. Jedenfalls festigte sich über die ersten Jahrhunderte christlicher Zeitrechnung – trotz gelegentlicher Bürgerkriege – unter einer *Pax Romana*, die zeitweilig sogar mit dem Piraten-Unwesen im Mittelmeer fertig wurde, neben dem wirtschaftlichen der kulturelle Doppelverbund – im Westen garantiert durch die lateinische, im Osten durch die griechische Gemeinschaftssprache. Weder die Festsetzung der germanischen Vandalen in *Africa* 429–534 noch die anschließende Rückeroberung durch den byzantinischen Kaiser Justinian änderten irgendetwas wesentliches am Zusammenhalt der (inzwischen vom

Christentum durchdrungenen) lateinisch-griechischen Mittel-
meerwelt.

Die scharfe Grenze zwischen Nord und Süd, die beispielsweise
Europa von den Papyrus-Lieferungen aus Ägypten abschnitt,
dadurch das Schreiben auf teurem Pergament erzwang, die
Kenntnisse von Lesen und Schreiben im Frankenreich auf den
christlichen Klerus zurückwarf und die weltliche Bürokratie des
politisch längst untergegangenen Weströmischen Reiches endgültig austrocknete – diese Grenze schuf erst die Eroberung
Nordafrikas durch die Muslime.

Für den Zusammenhang dieser Zäsur mit der Geschichte Afrikas stellt sich die Frage: Da die Muslime durch die Weisungen
ihres Glaubens gehalten waren, in ihren Herrschaftsgebieten Juden und Christen keineswegs mit Feuer und Schwert zu bekehren, sie vielmehr als Bewahrer früherer göttlicher Offenbarung
zu tolerieren – warum ist das Christentum im heutigen Tunesien,
Algerien und Marokko untergegangen, während die koptische
Kirche Ägyptens unter islamischer Herrschaft am Leben blieb?
Das westliche Nordafrika beherbergte doch nicht weniger stolze Kirchen. Einer der frühesten Kirchenlehrer – Tertullian
(ca. 160–240) – stammte aus _Africa_. Zur Zeit des Bischofs Cy-
prian von Karthago, der 258 als Glaubenszeuge starb, nahmen
an einer Synode für die nordafrikanischen Provinzen 80 Bischöfe
teil. Unmittelbar vor dem Eindringen der Vandalen war in der
Stadt Hippo (heute Annaba in Algerien) Aurelius Augustinus
(354–430) Bischof geworden, einer der Größten der Kirchenge-
schichte; er stammte aus Tagaste in der Provinz Numidien.

Die mangelhafte Stabilität des Christentums im _Maghreb_
(arabisch: Westen) hat etwas mit seiner älteren politischen Geschichte zu tun. Die römische Ordnung konnte nicht wie in
Ägypten auf einer seit Urzeiten in einheitlicher Landschaft etablierten Staatlichkeit, Gesellschaft und Kultur aufbauen, sondern stülpte sich einer geographisch und kulturell zerrissenen
Bevölkerung über. Die einheimischen Berber, damals wie heute
in Gruppen mit jeweils eigenem politischen Selbstbewusstsein
untergliedert, waren wohl alle in vorgeschichtlicher Zeit, während die Sahara austrocknete, von Süden zugewandert, öffne-

ten sich aber der lateinischen Sprache und der mit ihr einher
gehenden städtischen Lebensweise nur, soweit das Klima ihnen
zuvor Sesshaftigkeit und Ackerbau erlaubt hatte.

313, unmittelbar nach der Legitimierung des Christentums
durch Kaiser Konstantin (Regierungszeit 312–337), erschüt-
terte das Schisma des Donatus die lateinische Kirche Nordafrikas. Die Parallele zur Unterdrückung der Monophysiten in
Ägypten und anderen Provinzen des Byzantinischen Reiches ist
deutlich, stimmt aber nicht genau. Im Osten stritt man um ein
christologisches Dogma, sozial blieb die Kirche Ägyptens stabil. Im Westen stritt man um Kirchenpolitik. Donatus empörte
sich gegen seinen von der Römischen Kirche gestützten Rivalen
um den Bischofssitz in Karthago deshalb, weil der von einem
während der letzten Christenverfolgung unter Diocletian zum
Kaiserkult abgefallenen Bischof geweiht worden war, und ange-
sichts der Tatsache, dass auch Konstantin in die Kirche hinein-
regierte, ist von Donatus der Spruch überliefert: «Was hat der
Kaiser mit der Kirche zu tun?» Anhänger fand Donatus offenbar vor allem unter den unvollständig romanisierten Rand-
gruppen. Militante Donatisten rekrutierten sich aus den Saison-
arbeitern der Landwirtschaft, die *Circumcelliones* – zu deutsch
«Landstreicher» – genannt wurden. Sie benahmen sich so rüde,
dass die Staatsmacht, nachdem Konstantin sich seit 317 um
einen innerkirchlichen Friedensprozess bemüht hatte, ab 347
zur gewaltsamen Unterdrückung der Donatisten überging.

Als dreihundert Jahre später – 647 – die Armee der Muslime
in Tripolitanien auftauchte, endete gleich die erste Schlacht mit
Niederlage und Tod des byzantinischen Gouverneurs. Als reife
Frucht fiel *Africa* – jetzt im Arabischen *Ifrikiya* genannt – dennoch nicht in die Hände der Araber. Sie umgingen zunächst die
Festungen und stießen über die Oasen der Sahara nach Westen
vor. 665 fielen die Küstenplätze Hadrumetum (Sus) und Bi-
zerta, Karthago jedoch erst 698. Inzwischen hatten die Muslime in Kairouan inmitten des heutigen Tunesien eine neue
Hauptstadt für *Ifrikiya* gegründet.

Die Berber, die vorher ihre Unabhängigkeit gegen Rom, Byzanz und die christliche Kirche behauptet hatten, waren damit

noch längst nicht unterworfen. Einer ihrer Fürsten, Kusayla, verbündete sich fürs erste mit Byzanz gegen die Muslime. Dann aber ließ er sich überzeugen, dass er durch Annahme des Islam nicht neuen Fremdherrschern unterworfen, sondern gleichberechtigt neben allen anderen Muslimen stehen würde. Das geschah 678. Als der vom Kalifen eingesetzte Oberbefehlshaber Ukba ibn Nafi jedoch auf dem Marsch an die marokkanische Atlantikküste Kusaylas Heimat im Raum Tlemcen plündern ließ, legte dieser ihm gemeinsam mit in den Bergen verbliebenen Christen auf dem Rückweg 683 einen Hinterhalt, massakrierte die arabischen Truppen und rückte als neuer Gouverneur des Kalifen in Kairouan ein. 690 wurde er besiegt und fiel im Kampf. Inzwischen hatte sich im Aurès-Gebirge die Führerin einer anderen Berber-Gruppe unter dem Schutz der alten Götter gegen den Islam erhoben, von den Arabern *al-Kahina* genannt – die «Priesterin» oder «Prophetin». 696 brachte sie dem Statthalter des Kalifen eine schwere Niederlage bei, die dieser 701 vergalt. Al-Kahina fiel, ihre beiden Söhne bekehrten sich zum Islam und erhielten das Kommando über 12 000 Kämpfer, die fortan in die Armeen des Kalifen eingegliedert wurden.

Die Eroberung Spaniens durch den Islam nach 711 wurde gemeinsam von Berbern und Arabern vollzogen. Als Tarik die Meerenge überquerte, die seitdem mit seinem Namen – Gibraltar, der Berg Tariks – verbunden ist, soll seine Streitmacht aus 12 000 Berbern und nur 27 Arabern bestanden haben. Vereinzelte christliche Gemeinden hielten sich in abgelegenen Regionen des *Maghreb* bis in das 14., in der (heute tunesischen) Oase Tozeur bis in das 18. Jahrhundert. Im Ganzen jedoch kehrte Nordafrika jetzt sein Gesicht nicht mehr nach Norden, sondern als Teil der islamischen Ökumene nach Osten. Dabei war die Sahara in das politische und wirtschaftliche Beziehungsfeld ungleich fester eingebunden als in römischer oder noch älterer Zeit. Von einem abgeschiedenen Ort geistlichen Studiums im heutigen Mauretanien ging im Jahre 1054 die militärisch-religiöse Bewegung der Almoraviden aus (von arabisch *al-Murabitun*, d. h. die in befestigten Klöstern leben), die in wenigen Jahr-

zehnten zu einer Reichsbildung bis ins mittlere Algerien einschließlich des muslimischen Spanien mit Marrakesch als Hauptstadt führte. Die Oberhoheit des sunnitischen Kalifen im fernen
Bagdad oder auch seines schi'itisch-ismaelitischen Rivalen aus
der 973–1171 in Kairo herrschenden Fatimiden-Dynastie bestand nur noch in der religiösen Theorie.

Instabile und – wenn wir sie mit dem Römischen Imperium
oder gar dem pharaonischen Ägypten vergleichen – lockere
politische Systeme kennzeichnen im muslimischen Nordwest-
afrika die Geschichtsperiode, die wir in Europa das Mittel-
alter nennen. Erst im 16. Jahrhundert konsolidierten sich die
Zustände, im äußersten Westen durch die militärische Reorga-
nisation Marokkos (zwecks Verdrängung portugiesischer Küs-
tenstützpunkte) unter Dynastien, die ihre Legitimität auf Abstammung vom Propheten Mohammed begründeten, weiter
östlich durch die Ausdehnung der Oberhoheit des Osmanischen Reiches, dessen Sultan den Kalifen-Titel okkupiert hatte,
auf Tunesien und Algerien. Auch dadurch scheint sich aber
kaum etwas daran geändert zu haben, dass kleine regionale Gemeinschaften (in europäischen Schriften bezeichnete man sie
gern herablassend als «Stämme»), die ihr Leben faktisch unabhängig von den Großen Herren gestalten konnten, oft besser
lebten als die Menschen im Machtbereich der Regierung, im
bled makhzen, wie es auf arabisch heißt.

Früh schon breitete sich der Islam entlang den Routen des
Trans-Sahara-Handels nach Süden aus, in das «Land der
schwarzen Menschen» hinein, das künftig auch die Europäer
nach seinem arabischen Namen *Bilad as-Sudan* nennen sollten.
Das geschah jedoch nicht durch Kriegszüge wie an der anderen
«Küste» (arabisch *Sahel*) der Wüste im Norden, sondern – ob-
gleich die Schwarzafrikaner nicht wie Juden und Christen Toleranz beanspruchen konnten – in einer Art kommerziell-kultu-
reller Osmose, die bis in die Gegenwart kennzeichnend für den
«schwarzen Islam» Afrikas ist. Politisch betrachtet, handelte es
sich anfangs um eine (umgekehrte) Tolerierung des Islam unter
den Augen afrikanischer Herrscher, die selbst althergebrachten
Glaubensweisen anhingen, später, nach der Bekehrung der

herrschenden Schichten, um eine Koexistenz, die regelmäßig zu synkretistischer Vermischung islamischer und «heidnischer» Religionsausübung neigte – und dadurch Wellen islamischen Reformeifers auslöste, wiederum bis in die Gegenwart hinein.

Die vermutlich ältesten, jedenfalls bedeutendsten vorislamischen Staaten (wir dürfen diesen Begriff verwenden, wenn wir ihn nicht mit den spezifischen Eigenschaften belasten, für die er in Europa seit Macchiavelli steht) waren im zentralen Sudan Kanem, weiter westlich Ghana, dessen Machtstellung im 13. Jahrhundert auf Mali, im 15. Jahrhundert auf Songhai überging. Unsere Informationen über diese Kapitel der Geschichte Afrikas verdanken wir hauptsächlich arabisch schreibenden Historikern wie dem Andalusier Ubayd al-Bakri im 11. Jahrhundert oder dem berühmten Ibn Khaldun (1332–1406) aus Tunis, sowie Schriftstellern wie Ibn Battutah (1304–68/9) aus Tanger, der nach ausgedehnten Reisen im islamischen Orient, entlang der ostafrikanischen Küste, im Mongolenreich, Indien und China 1352/53 Westafrika besuchte. Drei Generationen der Familie Ka'ti aus Timbuktu, der um 1100 gegründeten, in der ganzen Welt des Islam berühmten Universitäts- und Handelsstadt im Westen des Großen Nigerbogens, schrieben im 15./16. Jahrhundert das Geschichtswerk *Ta'rikh al-Fattash*. Der etwa gleichzeitige *Ta'rikh al-Sudan* von al-Sa'di (*1594) ist zusammen mit anderen Geschichtsquellen jetzt in einer neuen englischen Übersetzung verfügbar [*Hunwick 1999*]. Der letzte dieser Reihe von Autoren ist Leo Africanus (ca. 1485–ca. 1554) aus dem zur Zeit seiner Geburt noch muslimischen Granada, der seine Bildung im marokkanischen Fez erhielt, von dort aus vermutlich Timbuktu besucht hat, allerdings 1526 sein Afrika-Buch in Bologna auf Italienisch schrieb, nachdem christliche Piraten ihn geraubt und dem Papst geschenkt hatten, der ihn 1520 taufen ließ.

Kanem hatte ursprünglich seinen Schwerpunkt nordöstlich des Tschadsees und bildete vermutlich schon seit Mitte des 9. Jahrhunderts einen Staat, der nicht nur den Nord-Süd-Handel, sondern auch die Karawanen besteuerte, die nach Osten ins Niltal zogen. Um 1100 nahmen die Herrscher den Islam an, kurz vor 1400 sahen sie sich durch Angriffe ihrer nördlichen Nachbarn gezwungen, die Hauptstadt nach Südwesten in das Gebiet von Bornu zu verlegen, das heute ein bedeutendes Bundesland im Nordosten von Nigeria darstellt.

Weiter westlich im Gebiet des heutigen Mauretanien und Mali war Ghana eine Schöpfung der Soninke, eines Volkes aus der großen Sprachengruppe der Mande. Mündliche Überlieferungen, wonach Ghana anfangs von «weißen» Königen regiert wurde, können sich auf seine Nachbarschaft zu den Berbern der Sahara beziehen, die wir als Tuareg kennen, ebensogut aber auch nur auf den Wunsch vieler später islamisierter Gesellschaften Westafrikas, ihre Herkunft aus Arabien, der Heimat des Islam, abzuleiten. Im 11. Jahrhundert beschreibt al-Bakri jedenfalls einen König, der kein Muslim ist, aber die Muslime dicht bei seiner Residenz in einer eigenen Stadt mit zwölf Moscheen wohnen lässt und der seine Würde nicht von seinem Vater, sondern vom Bruder seiner Mutter übernommen hat; das ist die in vielen westafrikanischen Völkern noch heute gültige matrilineare Erbfolge.

Machtbasis, ja Daseinszweck der Monarchie in Ghana war die Kontrolle des Nord-Süd-Handels: Salz aus der Wüste (diese Bergwerke waren noch im 20. Jahrhundert als Verbannungsorte gestürzter Politiker der Republik Mali berüchtigt) gegen Gold, das aus den Flüssen im Süden gewonnen wurde, die zeitweilig wohl direkt unter ghanaischer Kontrolle standen. Genaues lässt sich über die Grenzen des Reiches nicht sagen; der Hof hatte anscheinend keinen festen Sitz, bevor im 11. Jahrhundert für ihn in Koumbi Saleh (322 km nördlich von Bamako) Steinbauten errichtet wurden, deren Ruinen heute archäologische Forschung ermöglichen.

Ghanas Macht wurde von den Almoraviden gebrochen, die 1054 den Brückenkopf des Reiches am Südrand der Sahara – Aoudaghost – eroberten und 1076 Koumbi Saleh verwüsteten. Um 1200 errichtete ein König der Soso (eines anderen Zweiges der Mande-Völkergruppe), Sumaoro Kante, eine kurzlebige Hegemonie auch über das Land der Soninke. Das Königtum von Ghana scheint endgültig 1240 erloschen zu sein, als Sund-

jata Keita (†1255), der erste bedeutende Herrscher des Mali-
Reiches, Sieger über Sumaoro in der Schlacht von Kirina (beim
heutigen Koulikoro am Niger) ca. 1235, seinen Machtbereich
weit nach Norden ausdehnte und Koumbi Saleh auf Dauer zer-
störte.

Die Dynastie der Keita von Mali war um diese Zeit bereits
zum Islam bekehrt. Ihre Heimat, Kernregion des Reiches, lag
bei Kangaba im Grenzland zwischen Guinea-Conakry und dem
heutigen Mali. Wir dürfen uns das alte Mali wie überhaupt alle
vorkolonialen Reiche Westafrikas nicht als durchorganisiertes
politisch-administratives System vorstellen. Sie erstarkten, wenn
bestimmte Faktoren aus Ökologie, Geographie, Wirtschaft und
Politik zur Deckung kamen: genügend Bevölkerung sowie gere-
gelte Verhältnisse im Kernland, um eine militärische Macht auf-
zubieten, die es Nachbarn angezeigt erscheinen ließ, sich mit
diesem «Stamm» (das Wort jetzt im eher botanischen Sinn wie
Baumstamm verstanden) zu verbinden; eine günstige Lage im
Bereich von Fernhandelswegen, die es den Machthabern ermöglichte, Abgaben zu kassieren und Reichtum anzuhäufen,
der seinerseits die Abstützung des militärischen Aufgebots durch
Berufssoldaten oder Söldner ermöglichte. Wenn dann fähige
Personen die Zügel in Händen hielten und ein gemeinsamer
kultureller Rahmen wie der Islam Regeln für den Umgang mit
wenigstens der einen Seite von Handelspartnern garantierte –
umso besser. Stabilität im Sinne etwa ägyptischer, römischer
oder gar chinesischer Gesellschaftsordnung war allerdings nicht
zu erwarten.

Mansa (König) Kanku Musa von Mali (Regierungszeit
1307–32) brachte im Jahre 1324 bei seiner Pilgerreise nach
Mekka auf der Zwischenstation Kairo soviel Gold unter die
Leute, dass der Protokollchef des Sultans dem Schriftsteller
al-Omari berichtete: «Dieser Mann hat niemanden ausgelassen;
kein Amtsträger bei Hofe, der nicht von ihm eine Summe Gold
bekommen hätte. Die Einwohner Kairos haben an ihm und seiner Begleitung unberechenbare Summen verdient. Sie haben soviel Gold in Kairo verteilt, dass sein Tauschwert sank» [zitiert
nach *Cissoko 1965:31*]. Wie es um diese Zeit daheim in Mali

zuging, darauf wirft Ibn Battutahs Reisebeschreibung ein Schlaglicht: Er verzeichnet, was ihm gut und was ihm weniger gut gefiel. In der ersten Kategorie nennt er an erster Stelle die Rechtssicherheit – «denn die Schwarzen sind von allen Völkern jenes, das Ungerechtigkeit am meisten verabscheut», und «der Reisende braucht ebenso wenig wie der Ortsansässige Räuber oder Diebe zu fürchten». Andererseits: «Alle Frauen, die beim König eintreten, sind nackt und tragen keinerlei Schleier über das Gesicht; selbst seine Töchter sind alle nackt.» [*Ebd.:54f.*] Das entsprach offenbar nicht islamischer Sitte, wie man sie schon damals unter Arabern verstand.

Malis Glanz begann nach 1400 zu verblassen. Als erstes Vasallen-Volk, das seine Oberhoheit abschüttelte, gelten die Songhai, deren Kernland um die Stadt Gao im Osten des Nigerbogens lag. 1431 eroberten Tuareg Timbuktu. Die Wolof im Westen an der Atlantikküste im heutigen Senegal, die Mossi im Süden im heutigen Burkina Faso brachen ebenfalls mit Mali, das sich ab ca. 1550 auf sein altes Kernland zurückgeworfen sah. Um diese Zeit hören wir bereits aus europäischen Quellen von Mali, dessen Könige vergebens mit Hilfe der Portugiesen versuchten, ihre Macht wieder zu mehren. Inzwischen mussten sie den Songhai Tribut zahlen, die Malis Erbe als Vormacht im westlichen Sudan antraten: zunächst unter Sonni Ali (Regierungszeit 1464–92), der Djenné und Timbuktu eroberte, jedoch vom Islam nichts wissen wollte (und deshalb von den islamischen Autoren als Tyrann verschrien wurde), dann unter seinem erneut dem Einen Gott und seinem Propheten getreuen Nachfolger, dem Askia (König) Mohammed (1493–1528), einem General, der aus dem Volk der Soninke oder aus Takrur am Senegal stammte. Erneut hatte ein schwarzafrikanisches Reich Zugriff auf die Erträge des Trans-Sahara-Handels.

Dieser Zustand stachelte die Begehrlichkeit am nördlichen Angelpunkt der westlichen Karawanenroute an: Der Sultan von Marokko schickte 1591 eine Truppe von nur 4000 Mann durch die Wüste, angeführt von einem muslimischen Spanier. Sie stieß am 5. März 1591 bei Tondibi auf die 30 000 Krieger starke Armee das Askia Ishaq II. Aber die Marokkaner hatten Schießge-

wehre mitgebracht, von denen ihre Gegner noch nichts wussten. Das Songhai-Reich ging unter, ein marokkanischer Pascha
regierte eine Zeitlang Gao, Timbuktu und Djenné. Von Dauer
war diese innerafrikanische Kolonialexpansion jedoch nicht;
vielleicht brachte auch der Fernhandel nicht mehr die begehrten
Profite in einem Jahrhundert, in dem Westeuropa sich anschickte,
nicht nur die weltweite Seeherrschaft an sich zu reißen, sondern
speziell zwischen den Küsten Westafrikas und seinen neuerober-
ten Kolonien in Amerika jenen neuen Handel auszubauen, der
Afrikas Geschichte bis in das 19. Jahrhundert hinein bestimmen und heimsuchen sollte: den Handel mit Menschen, mit
schwarzen Sklaven.

Mehrere Tausend schwarze Sklaven aus Ostafrika, von ihren
arabischen Herren *Zanj* genannt, waren es auch, die im südlichen Irak in den Jahren 869–883 gegen das Kalifat der Abba-
siden rebellierten. Damals florierte wieder wie in der grie-
chisch-römischen Antike, nunmehr aber unter muslimischer
Kontrolle, ein regelmäßiger maritimer Fernhandel entlang der
ostafrikanischen Küste und auf den vorgelagerten Inseln wie
Lamu, Mafia, Pemba, Sansibar bis hin zu den Komoren. Er
führte sicher schon vor dem Jahr 1000 [laut *Kusimba 1999* reichen die Wurzeln bis 100 v. Chr. zurück] zur Herausbildung
einer eigenständigen Kultur, die nach dem arabischen Wort
Sahel und der Umgangssprache, die sie prägte, *Swahili*-Kultur
genannt wird.

Träger der Swahili-Kultur waren im Grundstock schwarze
Afrikaner der Bantu-Völkergruppe. Sie haben die Städte – neben
vielen anderen Kilwa an der Küste des heutigen Tanzania, Mombasa im heutigen Kenia – mit ihren Steinhäusern (vornehmlich
aus Korallenfels) gebaut, und sie haben über die Jahrhunderte
Zuwanderer aus Arabien, möglicherweise Persien (daher die
Bezeichnung *Shirazi* für einen Teil der Swahili-Bevölkerung)
und Somalia viel stärker assimiliert als umgekehrt, auch wenn
immer wieder arabische Dynastien die politische Macht in den
Städten an sich rissen.

Der wichtigste kulturelle Beitrag der Araber war natürlich
der Islam, der von Anfang an in den Küstenstädten dominierte.

Kilwa, dessen älteste Ruinen auf das 8. oder 9. Jahrhundert n. Chr. datiert werden, überragte seine Nachbarn ab ca. 1250 für zwei Jahrhunderte. Heute nur eine Ruine, zählte es damals etwa 4000 Einwohner. Dort wurden Gold aus Minen am Malawi-See, Eisen, Textilien aus Kilwa selbst gegen Glasschmuck aus Indien und Porzellan aus China eingetauscht. Im 15. Jahrhundert stellte eine chinesische Handelsflotte unter Admiral Cheng Ho direkten Kontakt zur ostafrikanischen Küste her.

Die Berichte arabischer Reisender (Ibn Battutah zum Beispiel besuchte die Region 1332), die wir neben chronologisch fragwürdigen Chroniken der Städte Pate (Kenia) und Kilwa als Quellen für die Swahili-Kultur benutzen, vermitteln den Eindruck, als würden [in den Worten des britischen Historikers *Kirkman 1964:22*] «die historischen Denkmäler Ostafrikas nicht den Afrikanern zugehören, sondern den Arabern und arabisierten Persern, im Blut mit den Afrikanern vermischt, aber kulturell abgrundtief getrennt von den Afrikanern, die sie umgaben». Dieses Bild, das nicht zufällig an die Realität mancher europäischen Kolonialgesellschaften im Afrika des 20. Jahrhunderts erinnert, wird von neueren Historikern in Frage gestellt, wobei sie die erwähnten arabischen Berichte (auch in Anspielung an moderne Zustände!) als «Touristen-Quellen» kritisieren, deren Autoren von Afrika nur das sahen, was der Tourist heute von seinem Hotel z. B. am Strand von Mombasa aus sieht. In Wahrheit sei die Swahili-Kultur nicht nur dem Ozean zugewandt, sondern durch Landwirtschaft, an der auch Stadtbewohner Anteil gehabt hätten, mit dem Hinterland verflochten gewesen. Freilich stellt z. B. James de Vere *Allen* [*1981*], der diese These vornehmlich aus den Bodenfunden begründet, auch den scharfen sozialen Gegensatz zwischen den Städtern, die sich stolz *Waungwana* nannten, und den unkultivierten *Washenzi* aus den Dörfern heraus, ein Schimpfwort, das auch heute noch in Tanzania etwa im Sinne des altdeutschen «Bauerntölpel» im Gebrauch ist.

Nachdem die Portugiesen auf ihrer Jagd nach den Gewürzen Indiens das afrikanische Kap umschifft hatten, eroberten sie nicht nur Mozambique, sondern für einige Jahre auch Kilwa

(1505–12) und Mombasa, wo sie den heutigen Touristen die imposante Ruine ihrer Festung hinterließen, die sie Fort Jesus nannten. Im 18. Jahrhundert setzten sich zwar wieder muslimische Machthaber aus dem südarabischen Oman an der ostafrikanischen Küste durch, mit der Blüte der Swahili-Kultur aber war es für immer vorbei.

V. Entdeckung oder Völkermord?
Der Atlantische Sklavenhandel

Es ist noch nicht lange her, da rühmten sich die «weißen» Europäer, den «dunklen» Erdteil Afrika «entdeckt» zu haben – als ob vor ihrem Kommen kein Menschenauge je den Gipfel des Kilimandjaro gesehen, keines Menschen Hand Wege durch den äquatorialen Regenwald gebahnt hätte. Einen großen leeren Fleck bildete das Innere Afrika nur auf den Landkarten der Europäer bis weit in das 19. Jahrhundert hinein, niemals in den Köpfen der Afrikaner (zugegeben: der jeweils ortsansässigen). Aus der «Entdeckung» Afrikas leitete sich schnell der Anspruch ab, diesen Kontinent nun auch zu «erschließen», zu «entwickeln». Afrikaner sehen diese Begegnung mit Europa, die in den letzten 500 Jahren ihre Geschichte zunehmend intensiv prägte, erheblich anders. Walter *Rodney* (1941–80) veröffentlichte 1972 seinen historiographischen Rundumschlag unter dem Titel *How Europe underdeveloped Africa*. Darin nimmt die Geschichte des Sklavenhandels über den Atlantik den ihr gebührenden prominenten Platz ein. Rodney, gebürtig aus der afro-amerikanischen Diaspora der Karibik, hatte zwei Jahre zuvor seine Forschungsergebnisse in einer Geschichte der Oberen Guineaküste 1545–1800 der Fachwelt vorgelegt.

Wir betrachten hier die Geschichte Afrikas, treiben nicht primär europäische Gewissenserforschung und fragen deshalb nur im Vorübergehen, wie die Christenheit nach mühsamer Überwindung der Sklavenhalterei in ihrer eigenen Gesellschaft dazu kam, ungetaufte Mitmenschen aus dem Nachbarkontinent als Handelsware zu verschiffen, oder wie der von Skrupeln geplagte Bartolomé de Las Casas (1474–1566) dazu kam, eine Ablösung der unter spanischer Zwangsarbeit aussterbenden Indianer Mittelamerikas durch importierte Schwarzafrikaner zu empfehlen.

Wichtiger ist uns, wie Westafrika um 1500 aussah, während die portugiesischen Schiffe an seiner Küste entlang segelten, um den Seeweg in das Wunderland billiger Gewürze – Indien – auf der Ostroute zu finden, nachdem Kolumbus westwärts gesegelt und dabei aus Versehen Amerika «entdeckt» hatte. Basil *Davidson* [1966:162] – und nicht nur er – spricht von einer «Reifen Eisenzeit» in weiten Regionen des Erdteils: «Es gab um 1400 in vielen afrikanischen Ländern mit Holz, Elfenbein, Metall und Terrakotta schaffende Künstler, deren begriffliche Erfassung zeitgenössischen Glaubens und Denkens erstaunliche stilistische Versuche zeitigt. Gewiss lebten die Gesellschaften der Reifen Eisenzeit, die diese Künstler hervorbrachten, noch in einer Subsistenzwirtschaft, die nur durch eine mäßige Produktion für den Tausch ergänzt wurde. Es gab keine revolutionäre Zäsur. Aber diese Gesellschaften hatten die für ihr Fortbestehen wesentlichen technischen und ideologischen Probleme gelöst, und in einer nach 1000 n. Chr. zunehmenden Entwicklung konnten sie neue Kraft und sogar einen gewissen Überfluss erreichen ... Sie entwickelten die Methoden des tropischen und subtropischen Landbaues. Sie erweiterten die Anlagen der Bewässerung und Bodenerhaltung. Die Kenntnis des Gebrauchs von Heilpflanzen wurde Allgemeingut. Sie wurden geschickt im Bergbau» – und zwar, dürfen wir in einer 1966 noch nicht üblichen Sicht ergänzen, ohne ihre natürliche Umwelt zu ruinieren, obwohl diese in den Tropen noch empfindlicher ist als in gemäßigten Breiten.

Als die Portugiesen 1484 nahe der Mündung des Kongo-Stroms mit dem gleichnamigen Königreich in Kontakt kamen (sein Volk, die Bakongo, lebt heute auf die beiden Kongo-Republiken und Nord-Angola verteilt), fanden sie gewiss kein Utopia, kein Idyll vor, wohl aber eine im Sinne Davidsons ausbalancierte, politisch stabile Gesellschaft. Obwohl Kongo-König

Nzinga Mbemba (Regierungszeit ca. 1506–58) sich als Afonso I. katholisch taufen ließ und 1512 vom portugiesischen König prinzipiell als gleichberechtigt anerkannt wurde, richtete der von Portugiesen betriebene Sklavenhandel den afrikanischen Staat im Laufe weniger Jahrzehnte so zu Grunde, dass er 1665 auseinanderbrach.

Auf der kleinen Insel Gorée, dem Kap Verde an der West-spitze Afrikas vorgelagert, steht die *Maison des Esclaves* und wird als historisches Mahnmal gepflegt. Im Untergeschoss sieht man das Türloch, das direkt auf den Ozean hinausführt und durch das die Sklaven auf die Schiffe verfrachtet wurden, sobald sich eine ausreichende Zahl im «Depot» angesammelt hatte. Diese «Gute Reede» (den Namen gaben Holländer der Insel 1621) war 1444 zum ersten Mal von Portugiesen besucht worden, 1629 und 1645 eroberten die Portugiesen sie erneut, 1667 die Engländer; 1677 kamen zum ersten Mal die Fran-zosen, um Gorée 1758 an England zu verlieren und 1817 end-gültig (das heißt bis zum Ende der Kolonialherrschaft über Senegal 1960) zurück zu bekommen. Dauerhafter war die Fest-setzung Englands an der Mündung des Gambia – 1651 bis 1965. An der Senegal-Mündung wiederum in Saint-Louis saßen die Franzosen seit 1659, und sie errichteten als einzige Europäer alsbald weit im Inneren am Oberlauf des Senegal ihr Fort Saint-Joseph, ohne jedoch vorerst die Selbstständigkeit der Mauren im Norden, der Wolof und Fulbe im Süden des Stroms zu beeinträchtigen. Um welche Ware rangelten die See-mächte Europas bei diesen Unternehmungen – und es sind nur Beispiele für den mehrfachen Flaggenwechsel über westafrika-nischen Küstenfaktoreien? Man sprach von der Goldküste, von der Elfenbeinküste. In Wirklichkeit war das alles eine Skla-venküste.

Im Laufe der Zeit verlagerte sich der Schwerpunkt des Men-schenhandels südwärts, im 17. Jahrhundert zu den Buchten von Benin und Biafra im heutigen Nigeria, im 18. und 19. Jahr-hundert nach Angola. Selbst ein so armseliger Kleinstaat wie das Brandenburg des Großen Kurfürsten (Großfriedrichsburg im heutigen Ghana, 1682–1724) versuchte sich einzuklinken

[*Heyden 1993*]. Die Könige Europas stellten in der Regel an private Kompanien Schutzbriefe zum Zweck des Sklavenhandels aus. Das Unternehmen darf man sich nicht so vorstellen, als hätten europäische Expeditionen im Inneren Afrikas die Sklaven selbst gejagt, wie es im späteren 19. Jahrhundert arabische Händler von Ägypten aus im oberen Niltal, von Sansibar aus in Ostafrika taten. Das verhinderte an der Westküste schon das für Europäer bis zur Einführung der Chinin-Prophylaxe Mitte des 19. Jahrhunderts mörderische Malaria-Klima; stattdessen entwickelte sich eine Arbeitsteilung.

Die Kapitäne der Sklavenschiffe kauften in den Küstenfaktoreien Menschen von ortsansässigen afrikanischen «Mittelsmännern» (überwiegend junge, kräftige Männer, aber zu etwa einem Drittel auch Frauen); sie bezahlten keineswegs nur mit den sprichwörtlichen Glasperlen, sondern vor allem mit Schnaps und Feuerwaffen, die im unmittelbaren Hinterland für Zusammenballung politischer Macht sorgten. Neue, für ihre Nachbarn bedrohliche Militär-Monarchien entstanden, deren Daseinszweck der Verkauf von Kriegsgefangenen an die «Mittelsmänner» war. Kaabu in Senegambien war ursprünglich eine Provinz Malis, seit dem 16. Jahrhundert ein unabhängiger Staat. Asante im heutigen Ghana, Dahome etwas weiter östlich im heutigen Benin (nicht zu verwechseln mit dem ebenfalls in den Sklavenhandel verstrickten Stadtstaat Benin im heutigen Nigeria) sind – beide um 1710 begründet – weitere Beispiele. Auch die schon um 1000 errichteten Staaten der Yoruba im Südwesten des heutigen Nigeria, unter denen der *Alafin* (Königstitel) von Oyo zwischen 1600 und 1750 eine Hegemonie ausübte, orientierten bei aller kulturellen Hochblüte – besonders in der Kunst der Plastik – ihre Wirtschaft vornehmlich auf den ominösen Handel mit den die Küste besuchenden Europäern.

Für die Passage über den Atlantik galt auf englischen Schiffen im späten 18. Jahrhundert als Regel, dass ein Sklave Raum von 5 Fuß Länge, 10 Zoll Breite und 2 Fuß 2 Zoll Höhe beanspruchte. Auf diese Weise ließen sich auf einem Schiff von 240 BRT mehr als 500 Afrikaner transportieren.

Es ist eine zynische, eine peinliche Debatte, wenn darüber gestritten wird (Historiker meinen manchmal, sie müssten so etwas trotzdem tun), ob bestimmte Gesellschaften Afrikas von dem Sklavenhandel nicht auch profitiert hätten, zum Beispiel durch Übernahme neuer Grundnahrungsmittel aus Amerika wie Maniok und Mais.

Wie viele Afrikaner wurden versklavt? Wie viele wurden in den Küstenforts an europäische oder amerikanische Händler verkauft? Wie viele kamen in Amerika an? Um die letzte Frage einigermaßen schlüssig zu beantworten, hat als erster Philip *Curtin* 1969 ein Zahlenwerk vorgelegt, das seitdem als Diskussionsgrundlage dient. Er berechnete, dass zwischen den Jahren 1451 und 1870 insgesamt 9 391 100 afrikanische Sklaven in Amerika ausgeschifft wurden und weitere 50 000 nach Europa, 125 000 auf die Afrika vorgelagerten Atlantik-Inseln (hauptsächlich das portugiesische São Tomé) kamen. Das schlimmste Jahrhundert war das von 1701 bis 1810: In dieser Zeit wurden trotz rückläufiger Ziffern zu Zeiten der Kriege, welche die Seemächte Europas gegeneinander führten, mehr als sechs Millionen Sklaven nach Amerika gebracht, davon fast zwei Millionen nach Brasilien, jeweils fast anderthalb Millionen in die britischen und französischen Karibik-Kolonien, «nur» 348 000 nach Nordamerika [*Curtin 1969:268;* vgl. jetzt *Klein 1999*].

Um das Jahr 1800 lebten in Brasilien etwa zwei Millionen afrikanische Sklaven, in den USA 900 000, in den britischen Kolonien Mittelamerikas 800 000, den spanischen 600 000, den französischen 250 000, den niederländischen, dänischen und schwedischen Territorien 77 600. Diese Zahlen ermittelte der Vorkämpfer der schwarzen Bürgerrechtsbewegung in den USA und des Panafrikanismus, W. E. B. *DuBois* (1868–1963), bereits 1896 in seiner Doktorarbeit für die Harvard-Universität [*DuBois 1969:131*].

Zu unserer zweiten Frage – Wie viele Sklaven wurden an den afrikanischen Küsten eingeschifft? – finden wir bei Curtin vorsichtige Schätzungen. Demnach sollen englische Schiffe zwischen 1690 und 1807 insgesamt 2 579 400 Sklaven aufgenommen haben, fast die Hälfte davon in den Buchten von Benin und Biafra [*Curtin 1969:150*]. David *Richardson* hat 1989 diese Schätzung revidiert und kommt auf 3 052 509 zwischen 1698 und 1807 von englischen Sklavenschiffen an den afrikanischen Küsten übernommene Menschen [zitiert nach *Behrendt 1997:187*]. Professor J. E. *Inikori* von der Universität Zaria (Nigeria) schätzt auf der Basis neuerer Studien, dass «Curtins Globalziffern … viel zu niedrig waren und eine Revision nach oben von 40 Prozent erfordern. Curtins Globalschätzung von elf Millionen exportierter Sklaven steigt so auf 15,4 Millionen»; dazu kämen noch (für die Zeit zwischen 1500 und 1890) 6 856 000 Opfer des arabischen Sklavenhandels durch die Sahara, über das Rote Meer und über den Indischen Ozean [Bd. 5, Kap. 4 der *General History of Africa*].

Auf unsere erste Frage – Wie viele Afrikaner wurden versklavt? – schweigen die Historiker, müssen sie schweigen. Niemand kann mehr berechnen oder auch nur schätzen, was die Menschenraubzüge im Inneren Afrikas an Todesopfern gekostet haben.

Gab es politisch organisierten Widerstand gegen den Sklavenhandel in Afrika? In Senegambien und im heutigen Guinea scheinen islamische Reformbewegungen, von jenen Koran-Gelehrten getragen, die arabisch *al-Murabitun* (wie schon die Almoraviden des 11. Jahrhunderts), französisch *Marabouts* heißen, ursprünglich den Kampf gegen die europäischen Menschenhändler auf ihre Fahnen geschrieben zu haben, zumal der Islam die Versklavung eines Muslim grundsätzlich verbietet. Die erste derartige Bewegung wurde um 1670 im südlichen Mauretanien von Nasir al-Din (†1674) ausgelöst. Sie führte einen für einige Jahre siegreichen Djihad gegen die Aristokratien im nördlichen Senegal, aber schon 1677 hatten diese mit Hilfe ihrer französischen Geschäftspartner die *Marabouts* wieder unterdrückt und die eigene Macht restauriert. Vor allem in Kayor im Hinterland des heutigen Dakar etablierte sich unter Lat Sukaabe Fall 1695–1720 eine autoritäre Militärmonarchie, wie sie für die Epoche des Atlantischen Sklavenhandels in ganz Westafrika typisch ist.

Die *Marabouts* gaben sich nicht auf Dauer und nicht überall geschlagen. Schon 1690 schufen sie in Bundu (am Oberlauf des Senegal) und mit nachhaltigem Erfolg ab 1720 – unter Führung von Karamokho Alfa († ca. 1751) und Ibrahima Sory Mawdo († 1791) – im Hochland des Fouta Djallon (Guinea) islamische Theokratien. Es erscheint abwegig, diesen Staat der *Almamy* (Fulfulde für das arabische *al-Imam*) von Fouta Djallon tribalistisch als eine Herrschaft von Fulbe über andere afrikanische Völker aufzufassen; er wollte islamischer Gottesstaat sein. Nur überwucherte die politische Praxis in Gestalt von Krieg alsbald die religiöse Theorie, die *Marabouts* wandelten sich selbst in eine neue Militär-Aristokratie und ihre Kriege dienten vor allem wiederum der Beschaffung «heidnischer» Sklaven, um sie den Europäern zu verkaufen.

Nein, der Historiker kann nicht melden, dass Afrikas Völker sich selbst vom Schrecken des Atlantischen Sklavenhandels befreit hätten. Das ist vielmehr vorrangig die Leistung einer Handvoll engagierter, christlich motivierter Philanthropen, die in dem allmählich sich zur Demokratie wandelnden England des späten 18. Jahrhunderts eine der ersten effizienten *Pressure Groups* auf die öffentliche Meinung zustande brachten. Diese *Abolitionists* sahen in Sklavenhandel und Sklaverei einen moralischen Skandal; in der Öffentlichkeit nannte man sie mit leisem Spott die «Heiligen». Sie bauten eine Propagandamaschinerie auf, die Druckschrift auf Druckschrift produzierte. Viele stammten von Thomas Clarkson (1768–1846), der schon 1785 einen von der Universität Cambridge preisgekrönten Essay gegen die Versklavung der Afrikaner schrieb [*Clarkson 1788*]. Gleichzeitig pflegten die Abolitionisten gute Kontakte zur Regierung. Ihr unbestrittener Führer William Wilberforce (1759–1833) saß von 1780 bis 1825 im Londoner Unterhaus, wo sein Studienfreund aus Cambridge, William Pitt der Jüngere, 1788 den ersten Antrag auf parlamentarische Behandlung des Sklavenhandels einbrachte. Obwohl Pitt 1782–1801 und 1804–06 Premierminister war, verschleppte das Unterhaus die Sache bis 1804, und erst am 25. März 1807 wurde das britische Gesetz über das Verbot des Sklavenhandels auf britischen Schiffen verkündet. Nach einer neuerlichen, um 1820 begonnenen Kampagne beschloss das Unterhaus dann am 29. August 1833 die Freilassung aller Sklaven in den britischen Kolonien (nach einer «Lehrlingszeit» von vier oder sechs Jahren).

1815 auf dem Wiener Kongress bildeten die europäischen Regierungen eine Kommission, um die Zukunft des Sklavenhandels zu beraten. Der britische Delegierte Lord Castlereagh (1769–1822) schlug vor, die anderen Mächte sollten dem Beispiel Englands folgen und binnen drei Jahren den Handel abschaffen. Fürst Talleyrand (1754–1838), der schon katholischer Bischof und Pariser Revolutionär gewesen war, bevor er dem Kaiser aus Korsika und dann dem Bourbonen-König als Diplomat diente, antwortete für Frankreich, im Prinzip sei man einverstanden, «aber die direkte und sofortige Abschaffung stoße anscheinend auf unüberwindliche Schwierigkeiten» [*Acten des Wiener Congresses, hrsg. v. J. L. Klüber. Erlangen 1818, Bd. 4 u. 8*]. In das gleiche Horn bliesen die Delegierten Spaniens und Portugals, während der Vertreter Metternichs und Wilhelm von Humboldt (1767–1835), der für Preußen am Tisch saß, sich dem britischen Wunsch anschlossen – kein Wunder, die beiden deutschen Staaten waren am Sklavenhandel nicht mehr beteiligt, seit der Potsdamer Soldatenkönig seine Kolonie in Afrika an Holland verkauft hatte. Immerhin interessierte sich die deutsche Öffentlichkeit für das Problem: Das 1839 in England gedruckte Standardwerk eines führenden Abolitionisten der zweiten Generation, Thomas F. *Buxton* (1786–1845), *The African Slave Trade and its Remedy*, wurde schon 1841 in Leipzig übersetzt (heutzutage geschieht solches bei Afrika-Sachbüchern selten). Der Vertreter des Papstes gab übrigens 1815 Castlereagh überhaupt keine Antwort, sondern beklagte sich, dass die englische Flotte Italien schlechter vor muslimischen Piraten aus dem Maghreb beschütze als Napoleon.

Diese Debatte, die nicht von ungefähr an Gipfeltreffen der Europäischen Union heute erinnert, fand am 20. Januar 1815 statt; am 8. Februar einigte man sich auf eine Deklaration bezüglich *Abolition de la traite des nègres d'Afrique ou du commerce des esclaves* – ohne irgendwelche Fristen zu setzen. Am 29. März 1815 dekretierte Kaiser Napoleon, der seinem Exil auf Elba für kurze Frist entsprungen war, die Abschaffung des französischen Sklavenhandels, und sein legitimer Rivale, König Ludwig XVIII., tat fast gleichzeitig das Gleiche mit einer geographischen Einschränkung. Man löckte offenbar in dieser Frage selbst unter Monarchen nicht mehr gegen den Stachel einer von Wilberforce und seiner Truppe sensibilisierten öffentlichen Meinung. Die in Westafrika stationierten Geschwader britischer und französischer Kriegsschiffe unterbanden in den folgenden Jahrzehnten den Sklavenhandel – nördlich des Äquators.

Dabei wurden die menschlichen Frachten gekaperter Sklavenschiffe nicht etwa in ihre Heimat zurückgebracht, sondern an Küstenplätzen «freigelassen», die der jeweiligen europäischen Macht geeignet erschienen. England bevorzugte Sierra Leone, wo die Abolitionisten schon 1787 erste befreite Sklaven in *Freetown* angesiedelt hatten, das dann von 1808 (damals mit einer Bevölkerung von etwa 2000) bis 1961 als Hauptstadt des britischen Sierra Leone dienen sollte. Als Frankreich in der Revolution 1848 die Sklaven seiner Kolonien endgültig frei ließ, gründete es zum gleichen Zweck *Libreville* in Gabun. Inzwischen hatte 1820 die Rücksiedlung befreiter US-amerikanischer Sklaven nach *Liberia* begonnen, das dann 1847 seine Unabhängigkeit in Form einer Republik ausrief, in der für mehr als hundert Jahre faktisch nur die *Americo-Liberians* Bürgerrechte genossen. Immerhin führten diese drei Maßnahmen das Wort Freiheit (in der Sache nur bedingt) in die Geschichte des modernen Afrika ein.

Von Angola aus in Richtung Brasilien ging der Handel mit Sklaven fast das ganze 19. Jahrhundert hindurch weiter. Befreit wurden die Sklaven in den USA erst mit dem Bürgerkrieg 1861–65, im damals noch spanischen Cuba 1886, schließlich in Brasilien 1888.

Die Überwindung des Atlantischen Sklavenhandels und der Sklavenwirtschaft in der Neuen Welt war ein schöner Sieg für Philanthropie oder Humanität, wie man damals sagte – für eine Politik der Menschenrechte, sagen wir heute. Das bleibt wahr, auch wenn wir hinzufügen, dass Sklaverei eben auch ein Wirtschaftssystem war und abstarb, als die Bedingungen des Weltmarktes sich änderten. Eric Williams (1911–81), selbst ein Sohn der schwarzen Diaspora, die der Sklavenhandel in den Amerikas hinterließ, und von 1962 bis zu seinem Lebensende Premierminister der einstigen britischen Sklavenkolonie Trinidad & Tobago in der Karibik, ist den Zusammenhängen zwischen Kapitalismus und Sklaverei schon 1944 nachgegangen [*Williams 1964*]. Das England von Wilberforce und Clarkson wandelte sich nicht nur zur Demokratie, es war zugleich Mutterland der industriellen Revolution. Die britischen Sklavenplantagen in der Karibik produzierten vor allem Zucker. Der rapide wachsenden Nachfrage nach Import von Baumwolle, die in Manchester verarbeitet werden sollte, waren sie nicht gewachsen und mussten das Feld den Südstaaten der USA überlassen, wo ebenfalls Sklaven die Baumwolle ernteten – aber seit 1783 nicht mehr unter politischer Verantwortung Londons. Hinzu kam die Konkurrenz nicht nur des unter dem Druck der napoleonischen Kontinentalsperre erfundenen Rübenzuckers, sondern auch von Zuckerrohr aus dem zwischen 1765 und 1818 Schritt für Schritt von der *United Company of Merchants of England trading to the East Indies* (so 1708–1873 der offizielle Name) unterworfenen Ostindien. Dieser Zucker wurde nicht von Sklaven, sondern von «freien Lohnarbeitern» (zu welchen Löhnen auch immer) geerntet.

Kapitalismus und Freihandel, auf den England sich einließ, weil seine Industrie auf absehbare Zeit keine Konkurrenz zu fürchten brauchte, fegten den merkantilen Dirigismus des 18. Jahrhunderts hinweg und mit ihm das alte Kolonialsystem und mit diesem die Sklavenwirtschaft.

Was sollten die afrikanischen Mittelsmänner entlang der Westküste nun tun, als die Weißen keine Sklaven mehr kaufen wollten? Ein französischer Historiker [*Brunschwig 1962*] hat die keineswegs idyllischen Auswirkungen plastisch beschrieben: «Die europäischen Kaufleute ... boten den schwarzen Herrschern Tauschwaren gegen die verschiedenen Landeserzeugnisse an – seit 1850 vor allem gegen Palmöl [den Rohstoff u. a. für Seife und Margarine, die man dem europäischen Proletariat verkaufte, F. A.]. Die schwarzen Herrscher wiederum stritten sich um das Monopol des Handels mit den produzierenden Stämmen im Hinterland ... Der Handel litt unter den unaufhörlichen Konflikten ... Die Weißen riefen das nächste Geschwader herbei; sein Kommandant stellte fest, dass Eingreifen angezeigt war ... Man schiffte eine bewaffnete Abteilung aus, verbrannte die Dörfer der Plünderer, nahm manchmal Geiseln mit – und entdeckte oft, dass der Konflikt ursprünglich aus Übergriffen der Händler entstanden war. Expeditionen dieser Art gab es entlang der ganzen Küste vom Anfang bis zum Ende der Freihandels-Periode 1830–85 ... Ein komplexes System: es bricht an dem Tag zusammen, da die Regierungen politisches Interesse an den Affären der Westküste Afrikas gewinnen und beginnen, ihre ‹Kolonien› abzugrenzen.»

Im September 2001 forderten afrikanische Regierungen auf der UN-Konferenz gegen Rassismus in Durban erstmals offiziell Reparationen für den Sklavenhandel. Heraus kam ein Text, wonach Sklaverei und Sklavenhandel ein Verbrechen gegen die Menschlichkeit seien «und immer schon als solches hätten anerkannt werden sollen»; im übrigen wurden die Afrikaner mit der Aussicht auf Programme für soziale und wirtschaftliche Entwicklung vertröstet [*UN Doc. A/CONF.189/12 – 25.01.2002*].

Die Erinnerung an das historische Verbrechen ist in der afrikanischen Diaspora jenseits des Atlantik lebendiger als in Afrika selbst. Während in Südamerika und der Karibik religiöse und andere kulturelle Erinnerungen an Afrika das Trauma der Sklaverei überdauert haben, bedurfte es in Nordamerika für die *Negroes*, die sich jetzt stolz *African Americans* oder Schwarze nennen, intellektueller und politischer Anstrengungen, um ihre afrikanischen «Wurzeln» wieder zu entdecken und auszuwerten; denn speziell die anglo-amerikanische Sklavenpolitik hatte ihre Vorfahren bewusst von den Traditionen und Sprachen der Heimat abgeschnitten und gesellschaftlich möglichst atomisiert, um Revolten vorzubeugen.

Im französischen Kolonialreich blieb diese Bewegung im Zeichen der *Négritude* bis in die 1950er Jahre weitgehend eine literarische – aus historischer Sicht erstaunlich, hatten sich doch während der Französischen Revolution die Sklaven in Haïti (als einzige der Karibik) 1791 zum bewaffneten Kampf erhoben, geführt von Toussaint-Louverture (ca. 1743–1803), und 1804 eine staatliche Unabhängigkeit durchgesetzt, die freilich bis zur Gegenwart den Bürgern weder Wohlstand noch Demokratie bringen sollte. Vermutlich war Haïti deshalb kein politisches Vorbild für Intellektuelle des 20. Jahrhunderts wie Aimé Césaire (1913–2008) aus Martinique, der 1963 eines seiner Bühnenstücke der *Tragédie du Roi Christophe* widmete – eben jenes Henry Christophe (1767–1820), der von 1811 bis 1820 versucht hatte, Haïti zu regieren. Césaire vertrat 1945–93 seine Heimatinsel – ein Übersee-Departement der Französischen Republik – in der Pariser Nationalversammlung, bis 1956 als Kommunist, aber stets loyaler *citoyen* Frankreichs. Auch Léopold S. Senghor (1906–2001) aus Senegal, der 1928 zum Gymnasialbesuch nach Paris kam, 1940–42 in deutschen Kriegsgefangenenlagern Gedichte schrieb und 1945 mitwirkte, die Verfassung der IV. Republik zu redigieren, trat als Schriftsteller der *Négritude* für die Anerkennung kultureller Gleichwertigkeit der Menschen schwarzer Hautfarbe ein, während er bis 1960 als Politiker am Zusammenhalt der Französischen Republik «von Dünkirchen bis Brazzaville» festhielt.

Die Idee eines Panafrikanismus existierte bis 1960 allein im englischen Sprachraum; auch sie kam zuerst in Amerika auf, und es war der oben zitierte W. E. B. DuBois, der im Jahre 1900 in London eine *Pan-African Conference* (mit nur vier Teilnehmern aus Afrika, neben elf aus den USA, zehn aus der Karibik und einem aus Kanada [*Geiss 1968:143*]) veranstaltete. Noch die vier panafrikanischen Kongresse, die auf Initiative von DuBois zwischen 1919 und 1927 in Paris, London, Brüssel, Lissabon und New York tagten, wurden von Delegierten aus der Diaspora dominiert. Nur ein radikalerer Flügel der Bewegung, um Marcus Garvey (1887–1940) geschart, predigte nach dem Ersten Weltkrieg eine Rückkehr von Afro-Amerikanern nach Afrika – erfolglos, denn die *Americo-Liberians* sperrten sich gegen erneute Zuwanderung. Als die Kommunistische Internationale in den 1920er Jahren daran ging, von Hamburg aus afrikanische Seeleute für ihre Gewerkschaftsarbeit zu rekrutieren, ver-

traute sie diese Aufgabe George Padmore (1903–59) aus Trinidad an; 1935 brach Padmore mit Moskau und wandte sich –
ebenso wie DuBois in seinen späten Jahren – dem Experiment
Ghana zu. Erst auf dem Fünften Kongress in Manchester 1945
übernahm – gemeinsam mit Padmore – eine jüngere Generation
aus Afrika die Führung, repräsentiert durch Jomo Kenyatta
(ca. 1894–1978) aus Kenia, Nnamdi Azikiwe (1904–96) aus
Nigeria und insbesondere Kwame Nkrumah (1909–72), den
Befreier und Diktator des neuen Ghana.

VI. Schwarze und weiße Siedler am Kap der Stürme – und künftiger Guter Hoffnung

Noch bevor der Atlantische Sklavenhandel im 18. Jahrhundert
seine «Blütezeit» erreichte, entstand an der Südspitze Afrikas
die niederländische Faktorei, aus der das einzige weiße Volk des
Erdteils hervorgehen sollte: die *Afrikaner*, wie sie sich selbst
nennen und schreiben (und nicht *Afrikaaner*, wie es meistens in
deutschen Druckerzeugnissen steht; *Afrikaans* schreibt sich allerdings die Sprache, die sie aus dem Niederländischen entwickelt haben). Erfunden hat diesen Namen angeblich im Jahre
1707 ein gewisser Hendrik Bibault aus Stellenbosch, als er gegen seine Verhaftung wegen irgendeiner Übeltat mit dem Schrei
protestierte «*Ik ben een* [nun allerdings ist überliefert] *Afri-
kaander!*» [*De Klerk 1976:9*] – und damit wohl so etwas
meinte wie «Ich bin ein Mann, der zu Recht hier ist». *Afrikan-
der* wurde später als Schimpfwort für die weißen *Afrikaner* ge-
braucht.

Es ist eine komplizierte Sache mit diesem Volk – nicht nur mit
seinem Namen. Seine Geschichte beginnt am 6. April 1652, als
Jan van Riebeeck (1619–77) im Auftrag der *Generale Veree-
nigde Nederlandsche Geoctroyeerde Oostindische Compagnie*
(VOC) in der Bucht unter dem Tafelberg nahe jenem Kap, das
die Portugiesen 1492 zunächst Kap der Stürme getauft hatten,

nicht nur Anker warf, sondern Siedler ausschiffte – 130 «freie Bürger» zählte man 1660 [*Fisch 1990:57*]. Ihre Aufgabe war nicht, Sklavenhandel zu treiben, sondern die Versorgung von Schiffen der VOC mit frischen Nahrungsmitteln zu sichern; von einem «Küchengarten» war in der Literatur öfter die Rede. Sklaven zu halten allerdings war für die Siedler normal; die wurden aus Indonesien eingeführt, wo Holland inzwischen Portugal verdrängt hatte, aus Ostafrika oder auch im Kapland selbst beschafft, wo Menschen lebten, die man verächtlich «Buschmänner» (die San) oder «Stotterer» (die Khoikhoi) nannten. Probleme ergaben sich nicht nur daraus, dass die San Ziegen, Schafe und Rinder zum jagbaren Getier zählten, egal ob Khoikhoi, Bantu oder Weiße sie als Eigentum betrachteten.

Ziemlich genau neun Monate nach der Landung van Riebeecks dürfte die Geschichte jenes Volkes begonnen haben, das man bis zum Ende der Apartheid auf Afrikaans anfangs Bastarde, später *Kleurlinge*, auf englisch *Coloureds* nannte und das natürlich nicht aufgehört hat zu existieren, seit es nicht mehr als eigene «Rasse» in offiziellen Statistiken erscheint. Weiße Väter und Mütter anderer Hautfarbe aus allen hier schon erwähnten Gruppen – Khoikhoi, San, Sklaven – sind der Ursprung dieser jetzt knapp vier Millionen Menschen (9 % der jetzigen Gesamtbevölkerung der Republik Südafrika).

Vertrackte Beziehungen zwischen Menschen unterschiedlicher Herkunft kennzeichnen so von Anfang an die Geschichte der südafrikanischen Gesellschaft. Bis zur Industrialisierung, die in Südafrika mit der Erschließung der Diamanten- und Goldvorkommen Ende des 19. Jahrhunderts einsetzt, haben wir es mit einer Vielzahl voneinander weitgehend isolierter Gesellschaften und folglich auch politischer Systeme zu tun. Diese Isolierungen wurden im 20. Jahrhundert durchbrochen und Schritt für Schritt – aber nie völlig und überall – aufgehoben, während das von Weißen seit 1652 begründete politische System sich über die schwarzen Südafrikaner legte – umso eindeutiger als *koloniale* Herrschaft im Unterschied zu einer *Klassen*herrschaft, je länger ein schwarzes Volk seine eigenständige Gesellschaft intakt hielt. Das gelang am besten den Zulu und den nach ihrem Vorbild organisierten Swazi sowie jenem Teil der Sotho, die sich im 19. Jahrhundert im Gebirge zur Verteidigung gegen die Zulu zusammenschlossen; Swaziland und Lesotho blieben auch staatsrechtlich von Südafrika getrennt. Die *Coloureds*, die San oder Khoikhoi hatten dafür nie eine Chance, sie wurden von Anfang an – soweit sie überlebten – als untergeordnete Kaste in die Gesellschaft der Weißen hineingezwungen. Dagegen half auch nicht die christliche Taufe.

Für Europäer, die am Kap leben wollten, forderte die VOC das reformierte Bekenntnis. Das Herkunftsland war Nebensache. So setzte sich das Volk der weißen Afrikaner nicht nur aus Niederländern zusammen, sondern auch aus vielen Untertanen norddeutscher Fürsten und (da König Ludwig XIV. in Frankreich 1685 das Toleranz-Edikt von Nantes aufhob) aus Hugenotten, die Südafrika den Weinanbau bescherten. Sie alle übernahmen die holländische Sprache, aus der als Volksdialekt das Afrikaans hervorging, und gingen gemeinsam in die Gotteshäuser der calvinistischen *Nederduitse Gereformeerde Kerk* (NGK) oder kleinerer, eng mit ihr verwandter Denominationen.

Eben dies, den Gottesdienst (speziell das Abendmahl) in Gemeinschaft, verweigerten die «geborenen» – das heißt die weißen – Christen ihren Glaubensschwestern und -brüdern «aus den Heiden», wie es in einem Synodalbeschluss der NGK aus dem Jahre 1857 heißt. So legte die Kirche ein Stück des Fundaments für die 1948 proklamierte Politik der *Apartheid* – vielleicht das wichtigste Stück, denn das Gemeinschaftsgefühl der weißen Afrikaner ist von Grund auf ein – wie sie es selbst formulierten – Christlicher Nationalismus.

Der «Küchengarten» der VOC dehnte sich im Kampf gegen die Khoikhoi und auf der «Jagd» nach «diebischen Buschmännern» im Laufe des 18. Jahrhunderts nach Osten und Nordosten über die ganze heutige Provinz West-Kap aus, an der Küste des Indischen Ozeans noch weiter östlich: 1778 bis zur Mündung des Buschmann-, 1812 noch ein Stück weiter bis zum Großen Fischfluss. Diese Ausweitung der Grenzen wurde durch *Trekboere* (= Wanderbauern) besorgt. So nannte man jene Weißen, die im Unterschied zu den *Akkerboere* rings um Kapstadt extensive Viehzucht bevorzugten. Sie übernahmen weitgehend die Lebensweise der Khoikhoi – zusätzlich lasen sie natürlich die Bibel, identifizierten sich mit dem alten Israel und festigten so ihr religiös-rassisches Auserwähltheitsbewusstsein.

1815 beim großen Aufräumen der europäischen Politik nach Napoleons Sturz fiel die Kapkolonie an England, das sie schon 1795–1803 und erneut 1806 militärisch besetzt hatte. Alsbald führte die neue Regierung zwei neue Konfliktelemente in die Sozialstruktur ein: die forcierte Ansiedlung einiger Tausend Schotten und anderer englisch sprechender Weißer, und die Emanzipation aller Sklaven im Britischen Weltreich durch das Gesetz von 1833. Beide Maßnahmen empfanden die weißen Afrikaner als Zumutung, und ein Teil von ihnen reagierte 1836 mit dem Exodus aus den Grenzen des Empire: Der Große Trek führte zur Gründung auf Unabhängigkeit erpichter «Buren»-Republiken zuerst 1838 jenseits des Vaal (Transvaal – zeitweilig Südafrikanische Republik), vorübergehend 1839–42 in Natal, schließlich 1854 zwischen dem Vaal und dem Oranje (Oranje-Freistaat).

Die Buren besetzten kein menschenleeres Land. Sie stießen überall auf schwarzafrikanische Bevölkerung, die seit fast tausend Jahren in diesen Regionen ansässig war. Aber es war eine Bevölkerung, die zum großen Teil seit wenigen Jahrzehnten durch Krieg und Verwüstung extrem in ihren Strukturen erschüttert war – durch den *Mfecane*. Das Wort wird zumeist aus den Nguni-Sprachen (einer Untergruppe der Bantu-Sprachen) erklärt, wo es «Zermalmung» oder «Verwüstung» bedeutet [vgl. *Ansprenger 1999b:35*]. Das Ereignis selbst ist unbestritten: Chaka (ca.1789–1828) setzte um das Jahr 1816 seine Zäsur in die Geschichte des schwarzen Südafrika, als er aus winzigen Anfängen den Militärstaat der Zulu aufzubauen und auszuweiten begann. Wer sich in die Regimenter Chakas nicht integrieren ließ, die mit ihren Kurzspeeren – den *Assegai* – eine neue Kampftaktik exerzierten, der sah sich in die Flucht getrieben – sofern er überlebte.

Dies war keineswegs die erste Gründung eines großräumigen Staates unter den Bantu-Völkern des südöstlichen Afrika. Die

Ruinen der Steinbauten von *Great Zimbabwe* aus dem späten 11. Jahrhundert legen Zeugnis ab von einer Herrschaftsordnung im heutigen Zimbabwe und Mozambique, die ihre Macht und Kultur vermutlich auf den Export von Gold und Kupfer gegründet hatte. Über den sie im 14. Jahrhundert ablösenden Staat, dessen Könige den Titel *Mwene Matapa* trugen (in der *Britannica* 2000 als «Verwüster der Länder» übersetzt), wissen wir schon etwas mehr, weil er an der Ozeanküste auf die Portugiesen stieß, die ihn *Monomotapa* nannten, mit ihm Handel trieben und ihm 1629 einen ihnen genehmen König aufzwangen. Im 15. Jahrhundert hatte Changamir vom Reich des Mwene Matapa einen eigenen Staat abgespalten, der unter dem Namen Rozwi bis 1830 existierte – bis er im *Mfecane* unterging.

Chaka, die Zulu und die politischen Resultate ihrer Kriege stehen für uns im noch helleren Licht der Geschichte, weil sie von Anfang an im Blickfeld eng benachbarter und modernerer europäischer Beobachter standen, als es die Portugiesen des 16. oder 17. Jahrhunderts waren. Ja, mindestens ein Historiker [*Cobbing 1988*] führt den ganzen Schrecken des *Mfecane* mehr auf europäische Interventionen als auf irgendeine Eigendynamik schwarzafrikanischer Völker zurück, nämlich auf den Hunger des weißen Südafrika (Briten wie Buren) und der im heutigen Maputo etablierten Portugiesen nach billiger schwarzer Arbeitskraft, die man sich nun nicht mehr durch Sklavenhandel beschaffen konnte.

Tatsächlich hinterließen die Kriegszüge der Zulu auf dem Hochland im Inneren Südafrikas nicht nur eine entwurzelte schwarze Bevölkerung als leichte Beute für die Buren, sondern neben dem Zulustaat im heutigen KwaZulu-Natal selbst mindestens vier neue kraftvolle politische Systeme. Nördlich des Limpopo lagen der aus einem abtrünnigen, von Mzilikazi (ca. 1790–1868) kommandierten Zulu-Regiment hervorgegangene Staat der Ndebele im südlichen Zimbabwe und der nach Zulu-Vorbild von den Kololo reformierte Staat der Lozi im heutigen Zambia, im Nordosten der ebenfalls nach Zulu-Modell unter den Ngwane errichtete Swazi-Staat König Sobhuzas I. (ca. 1795–1840), im Westen das als Fluchtburg geschaffene Lesotho

König Mosheshs I. (ca. 1786–1870). Swaziland und Lesotho bewahrten ihre Autonomie auf Dauer vor allem durch eine geschickte Diplomatie, die Londons imperiale Interessen gegen die Buren auszuspielen verstand. Ein weiteres Bollwerk gegen Zulu und Buren schufen die Pedi unter Führung von Sekwati (1824–60) und Sekhukhune († 1882) im östlichen Transvaal.

Die Buren kollidierten militärisch mit den Zulu unter Chakas Halbbruder, Mörder und Nachfolger Dingane († 1843) am 16. Dezember 1838 in der berühmten Schlacht am Ncome-Fluss in Natal (seitdem Blutfluss genannt), wo schätzungsweise 3000 Zulu fielen, nachdem Dingane 300 Weiße und 200 ihrer «farbigen» Diener (der Trek war kein *Whites-only*-Unternehmen!) bei Verhandlungen über eine Landabtretung hatte umbringen lassen. Diese Schlacht wurde zum Mythos des weißen Afrikaner-Volkes – ein zweiter Mythos sollte der Krieg gegen das Britische Weltreich am Ende des Jahrhunderts samt dem Hungertod burischer Frauen und Kinder in britischen Konzentrationslagern werden. 1837 hatten andere Buren die Ndebele geschlagen, um 1850 arrangierten sie sich in Transvaal mit den Pedi. Lesotho nahmen sie mehr als die Hälfte seines ursprünglichen Gebiets ab.

Die Kapkolonie führte währenddessen an ihrer Ostgrenze entlang der Ozeanküste zwischen 1778 (also noch zu niederländischen Zeiten) und 1878 eine Serie von neun so genannten Kaffernkriegen gegen ihre schwarzen Nachbarn, die Xhosa; wie sie und dann alle schwarzen Südafrikaner zu der verballhornten arabischen Bezeichnung für Ungläubige im Sinne des Islam – *kafir* – als Schimpfname von Seiten der Europäer kamen, ist mir unbekannt. Die Xhosa und ihre Verwandten wurden 1865 auf das Gebiet des späteren *Bantu Homeland* Transkei (d. h. östlich des Großen Kei-Flusses) zurückgedrängt und 1894 völlig unterworfen.

Weniger diplomatisch als Moshesh oder Sobhuza forderte der Zulu-König Cetshwayo (ca. 1826–84), ein Neffe Chakas, die Macht des Britischen Imperiums 1879 heraus, als dieses 1877 für einige Jahre Transvaal annektiert hatte. Die Zulu überrannten eine britische Abteilung am 22. Januar bei Isandhlwana (neben Chaka ein Element des nationalen Mythos der Zulu, auf den sich heute mit schwindendem Erfolg die Inkatha Freedom Party – IFP – zu berufen versucht) und wurden am 4. Juli bei Ulundi dann vernichtend geschlagen. Damit war ihre Unabhängigkeit verloren, wenngleich sie es verstanden, unter der britischen und später südafrikanischen Kolonialherrschaft ihr politisches System instand zu halten. Härter noch als die Zulu traf es gleichzeitig die Pedi, deren Selbstständigkeit im November 1879 im Kampf gegen eine britisch-burische Streitmacht unterging.

Das Ende des 19. und der Beginn des 20. Jahrhunderts standen im Zeichen der zunächst außenpolitisch, dann militärisch, schließlich innenpolitisch ausgetragenen Rivalität unter Weißen – Briten gegen Afrikaner. Als 1886 am Witwatersrand Goldvorkommen entdeckt wurden, erhielten die Interessen des Imperiums eindeutiges Übergewicht. Transvaals Präsident Paul Kruger (1825–1904), seit 1883 im Amt, schätzte die Weltpolitik falsch ein, als er die Glückwunsch-Depesche des Deutschen Kaisers Wilhelm II. (nachdem der Überfall eines irregulären Kommandos aus der Kapkolonie fehlgeschlagen war) mit einer Garantie gegen das Britische Weltreich verwechselte. Die Buren hofften auch auf Beistand ihrer weiß-afrikanischen Verwandten in der Kolonie, als sie 1899 London zum Krieg provozierten. Die meisten Weiß-Afrikaner des Kaplandes hatten sich aber längst mit einer Herrschaft abgefunden, die ihnen (das heißt den Männern unter ihnen mit einigem Besitz oder Einkommen) 1853 nach kanadischem Vorbild das Recht einräumte, ein Parlament zu wählen (*representative government*), und dann 1872 diesem Parlament das Recht, eine autonome Regierung der Kapkolonie zu bilden (*responsible government*). Theoretisch war das Wahlrecht am Kap sogar «farbenblind», während in den Buren-Republiken nur Weiße politische Rechte besaßen und den in Johannesburg zusammenströmenden Ausländern, die vom Gold angelockt wurden, die Einbürgerung verweigert wurde, obwohl sie Weiße waren.

Faktisch jedoch sorgten Briten und weiße Afrikaner auch am Kap durch Verschärfung der finanziellen Qualifikationen dafür, dass schwarze Wähler eine kleine Minderheit blieben. Cecil Rhodes (1853–1902), überzeugter Imperialist und in den entscheidenden Jahren 1890–96 Premierminister in Kapstadt, prägte das Wort von den *equal rights for every civilized man*, das noch fast hundert Jahre lang im «weißen Südafrika» als intellektuelle Behelfsbrücke zwischen Konservativen und Liberalen diente.

Der im Oktober 1899 durch beide Parteien vom Zaun gebrochene Krieg endete am 31. Mai 1902 mit der Kapitulation der Buren-Republiken. Aber unter der folgenden kolonialen *Pax Britannica* siegten alsbald die weißen Afrikaner. Unter ihrer Führung wurden alle Teile Südafrikas mit Ausnahme von Lesotho, Swaziland und dem heutigen Botswana 1910 zu einer Union mit starker Zentralregierung verbunden. Als *Dominion* verfügte Südafrika von Anfang an über innere Selbstständigkeit im Rahmen des Britischen Imperiums, das sich nach dem Ersten Weltkrieg zum Commonwealth wandeln sollte. Louis Botha (1862–1919), von 1910 bis zu seinem Tode Premierminister, Jan Christiaan Smuts (1870–1950), sein Nachfolger bis 1924 und dann wieder 1939–48, und James B.M. Hertzog (1866–1942), Mitbegründer der *Nasionale Party* (NP) und langjähriger Oppositionsführer, zwischendurch 1924–39 Premierminister – alle drei ehemalige Buren-Generäle – waren sich völlig einig, dass die Macht in Südafrika auf unabsehbare Zeit in weißen Händen liegen müsse und würde.

Das Spannende für die Geschichte ganz Afrikas an dieser Entwicklung besteht darin, dass die weißen Afrikaner nach ihrer Überwältigung durch den Imperialismus (der Burenkrieg veranlasste J. A. *Hobson* 1902, *Imperialism – a study* zu schreiben und damit die Theoriedebatte zu eröffnen) für sich genau das Projekt verwirklichten, das die antikolonialen Führer des schwarzen und des mediterranen Afrika nach 1945 zum Programm ihrer Befreiungskämpfe – der gewaltfreien wie der bewaffneten – machten: durch Erringung politischer Macht ihren Völkern wirtschaftlichen Wohlstand und sozialen Fortschritt zu bescheren. Den weißen Afrikanern ist das gelungen, obwohl das private Großkapital, das sich auf dem Fundament des Goldes und der Diamanten in Südafrika akkumulierte, sozusagen englisch sprach. Als Symbol sei auf *Anglo American Plc* verwiesen, den Multikonzern mit Aktivitäten in aller Welt, den Ernest Oppenheimer (1880–1957) aus Friedberg in Hessen am 2. Oktober 1917 gründete und der seinen Sitz in London hat. Neben dieses private «englische» Kapital aber setzten weiß-afrikanische Geschäftsleute seit dem Ende des Ersten Weltkriegs ein effizientes Netzwerk eigener Firmen, Banken, Zeitungsverlage und dergleichen, gestützt auf ihre politischen Verbindungen, und der südafrikanische Staat tat das Seine dazu, solange staatliche Wirtschaftstätigkeit in der westlichen Welt in Mode blieb. Die 1934 errichtete staatliche *Iron and Steel Corporation* (ISCOR) und die Waffenschmiede ARMSCOR sind die bekanntesten Exempel. Auf der anderen Seite der sozialpolitischen Barrikade formierten sich «weiße», überwiegend weiß-afrikanische Gewerkschaften (zur Abwehr schwarzer «Billigarbeit»). In der südafrikanischen Bürokratie entstanden großzügige Pfründen-Landschaften für die Angehörigen des «herrschenden Stammes». Das eng verzahnte Konglomerat aus Bürokratie, afrikaans-sprachiger Wirtschaft, der 1914 gegründeten, von 1948–94 ununterbrochen regierenden Nasionale Party (NP) und der Kirche (NGK) – man nannte sie «die Nationale Partei, versammelt zum Gebet» – sorgte für die Seinen.

Die neuen Herrscher des übrigen Afrika nach 1960 eiferten dieser Leistung alle nach, während sie gegen die *Apartheid* predigten. Kaum einem gelang es, einer so breit gestreuten Neuen Klasse ein so komfortables Leben auf dem Niveau der Ersten Welt zu verschaffen, wie es die weißen Südafrikaner bis 1994 genossen – und seitdem gegen die Anfechtungen der Demokratie und *affirmative action* (sprich: Lastenausgleich zugunsten der Schwarzen) verteidigen. Das ganze Unternehmen setzt natürlich nachhaltige relative Armut, weitgehend sogar absolute, schlimme Armut der Bevölkerungsmehrheit voraus. Vielleicht gelang es in Südafrika besser als andernorts, weil die Absonderung (afrikaans: *Apartheid*) der Privilegierten nach Hautfarbe einfacher, weniger durchlässig für traditionelle Verpflichtungen war, private Sozialhilfe zu leisten, als die Selbstabschirmung der

«Staatsklasse» im postkolonialen tropischen und mediterranen Afrika gegen ihre arm gebliebenen Landsleute.

Europäische koloniale Siedler haben auch in anderen Ländern Afrikas versucht, Wurzeln zu schlagen. Im Nachbarland Namibia hatte die Regierung schon zu Zeiten, als es noch Deutsch-Südwest hieß, ziemliche Mühe, deutsche Auswanderer dorthin zu lenken, wo sie weiter unter der schwarz-weiß-roten Flagge leben konnten. Nach 1918 kamen weiße Afrikaner aus Südafrika hinzu, und es ging den Weißen insgesamt in Namibia mindestens ebenso gut wie dort. Während aber die Weißen in Südafrika um 1990 mit knapp 5 Millionen Menschen ein Fünftel der Gesamtbevölkerung stellten, wohnten in Namibia nur 78 000 Weiße (davon 25 000 Deutsche) – 4,4 % der Gesamtbevölkerung. In Zimbabwe kam die Einwanderung weißer Kolonisatoren, überwiegend aus dem Mutterland Großbritannien, in größeren Zahlen erst nach 1945 in Gang. Nach zwanzig Jahren schwarzer Regierung war ihre Zahl von knapp 300 000 auf etwa 46 743 (Zählung 2002) zurückgegangen, das waren nur noch ein halbes Prozent der Bevölkerung. Die Basis nicht nur ihres Wohlstandes, sondern auch der Versorgung der Gesamtbevölkerung mit Grundnahrungsmitteln – moderne Landwirtschaft auf Großfarmen –, wird seit 2000 systematisch durch die Überlebenspolitik Präsident Robert Mugabes (* 1925) ruiniert, der lauter werdendes Murren seines schwarzen Volkes durch Enteignung von 4000 weißen Farmern auf die Ex-Kolonialherren abzulenken versucht. Die Anbaufläche für Mais schrumpfte bis 2007 von 850 000 auf 500 000 ha.

Auch Namibias weiße Farmer fühlen sich von Druckwellen dieser Kampagne bedroht. Selbst in Südafrika wurden Stimmen laut, Präsident Thabo Mbeki (* 1942, im Amt 1999–2008) reagiere auf Kritik wegen nicht erfüllter (vielleicht nicht erfüllbarer) Versprechungen – Arbeitsplätze etc. – mit Schuldzuweisung an die Weißen.

Gewiss, das neue Südafrika ist eine Demokratie, hat viermal seit 1994 frei gewählt – zuletzt am 22. April 2009 den ANC (*African National Congress*) mit 65,9 % der Stimmen. «Rassen» der *Apartheid* geistern dennoch durch getrennte Gefühlswelten.

Die DA (*Democratic Alliance*) fand 2009 ihre fast 3 Millionen Stimmen (16,7 %) vor allem unter den 4,5 Millionen Weißen – jetzt nur noch 9 % aller Südafrikanern.

VII. Staatenbildung und Reform.
Das 19. Jahrhundert des selbstständigen Afrika

Im 19. Jahrhundert schickten drei der fünf Großmächte, die auf dem Wiener Kongress 1814/15 die Weltpolitik noch untereinander ausgehandelt hatten – Großbritannien, Frankreich und das aus Preußen hervorgegangene Deutsche Reich – sich unter Beteiligung Belgiens, des in Afrika altbekannten Portugal, Italiens und am Rande Spaniens an, den großen weißen Fleck bunt zu färben, der das Innere des «dunklen Erdteils» auf ihren Landkarten bedeckte. Sie teilten Afrika auf, ohne irgendwelche Afrikaner nach deren Meinung zu fragen. Aber dieser fremdbestimmte Auftakt zur Zeitgeschichte Afrikas fand erst ganz am Ende des Jahrhunderts statt, eingeleitet durch die Eröffnung des Suezkanals am 17. November 1869. Davor wurde er angedeutet (in historischer Rückschau: vorbereitet, aber das konnten Zeitgenossen schwerlich wahrnehmen) durch Frankreichs Eroberung Algeriens ab 1830 – *La Mediterranée traverse la France comme la Seine traverse Paris*, lautete ein Slogan französischer Propaganda 1954 – oder durch die im vorigen Kapitel erwähnte Konsolidierung der Kapkolonie.

Im Wesentlichen war das 19. Jahrhundert für Afrika jedoch ein Jahrhundert von Afrikanern selbst gestalteter Geschichte, gekennzeichnet in allen Regionen des Kontinents durch räumliche Erweiterung politischer Systeme zu Flächenstaaten, die als solche auch Europäern kenntlich waren, sobald Reisende mit anderer als nur kommerzieller Neugier anfingen, das Innere Afrikas zu besuchen. Viele dieser Staaten führten neue Formen gesellschaftlicher Organisation ein. Das bedeutete nicht nur schlagfähigeres Militär, wie z. B. bei den Zulu, sondern auch neue

Wirtschaftsweisen (an der Westküste Export von Palmöl als Ersatz für Sklaven) und besonders bei den vom Islam beeinflussten Völkern Reformbewegungen zur Reinigung und Vertiefung des Glaubens sowie Aktivierung der von ihm geforderten Taten.

Damit soll keineswegs gesagt sein, dass jene politischen Systeme Afrikas, die europäischen Augen nicht als Staaten erschienen, sich Veränderungen, Reformen, einer Modernisierung generell verweigert hätten. Die Wissenschaft ist sich einig: Solche «segmentären Gesellschaften», wie sie auf deutsch oft genannt werden, nehmen in der Geschichte Afrikas völlig gleichen Rang ein wie die «Staaten». Die Unterscheidung geht auf *Fortes* und *Evans-Pritchard* zurück, die [1940:5] zwei politische Systeme in Afrika unterschieden: (a) «solche Gesellschaften, die zentralisierte Autorität, Verwaltungsmaschinerie und Institutionen der Rechtsprechung besitzen – *in short, a government* – und wo Unterschiede an Reichtum, Privilegien und Status mit der Verteilung von Macht und Autorität korrespondieren», andererseits (b) jene Gesellschaften, denen es an den soeben aufgezählten Kriterien fehlt – «*in short which lack government*».

Abseits vom Festland des südlichen Afrika, genau gleichzeitig mit Chakas Staatsgründung, eroberte auf Madagaskar König Radama I. (Regierungszeit 1810–28) vom zentralen Hochland aus die ganze große Insel. England und protestantische Missionare, Frankreich und die katholische Kirche stritten von See her um Einfluss. Zwischen beiden Mächten versuchte seit 1864 der madegassische Premierminister Rainilaiarivony (1828–96), der Reihe nach Ehemann dreier Königinnen, Balance zu halten und Zeit für modernisierende Reformen zu gewinnen: Annahme des Christentums in protestantischer Form als Staatsreligion; ein Gesetzbuch mit Elementen europäischen Rechts, aber auch einheimischer Tradition; Emanzipation der afrikanischen Sklaven 1877; Straffung der Verwaltung; Experimente mit dörflicher Selbstverwaltung. Dieser afro-asiatische Staat (Madagaskars Sprache und ein großer Teil seiner Einwohner stammen aus Indonesien) musste 1895 vor der Invasion einer französischen Armee kapitulieren, nachdem London sich aus dem imperialistischen Wettbewerb an dieser Stelle zurückgezogen hatte.

Eine weitere bedeutende Initialzündung für Großstaaten-Bil-
dung und gesellschaftliche Veränderung erfolgte, ebenfalls zu
Beginn des Jahrhunderts, im mittleren Sudan. Der Gelehrte Usman dan Fodio (= Sohn des Weisen, 1754–1817) aus dem Volk
der Fulbe sah sich zu einer Reinigung des Islam gedrängt, der in
den Haussa-Stadtstaaten des heutigen Nord-Nigeria über lange
Zeit von der alten Volksreligion unterwandert worden war. Insbesondere die Könige hielten an ihrer vielleicht auf pharaonische Wurzeln zurückreichenden sakralen Würde fest [vgl. Kap. I],
die dem strengen Muslim ein Dorn im Auge war. 1804 rief
Usman zum *Djihad* auf, binnen weniger Jahre siegten die Re-
former, mehrere Herrscher wurden vertrieben und ein Kalifat
begründet, dem auch der Süden des heutigen Niger und der
Norden Kameruns (nach seinem damaligen Eroberer Adamaua
genannt) zugehörten. Es war eine Art Konföderation der alten
Stadtstaaten, deren neue Herren sich aber nunmehr nicht als
Sakral-Könige, sondern als schlichte Emire (vom arabischen
amir al-mu'minin, Befehlshaber der Gläubigen) betrachteten.
Nach Usmans Tod fiel die Oberhoheit an seinen Sohn Muhammad Bello († 1837), der in Sokoto seinen Sitz nahm. Im Kalifat
von Sokoto setzten unter der neuen Ordnung Wirtschafts- und
Bevölkerungswachstum ein, verankert allerdings in Sklaven-
arbeit; Handelszentrum war die Stadt Kano mit 50 000 Einwohnern und einer berühmten Textilmanufaktur. Der letzte politisch
mächtige Nachfahre Usman dan Fodios und Erbe dieser Tradition – Alhaji Sir Ahmadu Bello (* 1910), Sardauna von Sokoto
(der traditionelle Titel bedeutete wohl ursprünglich «Anführer
der Leibwache») und Premierminister der Nordregion – wurde
am 15. Januar 1966 beim ersten Militärputsch in Nigerias post-
kolonialer Geschichte erschossen.

Im Osten brach sich die Welle des *Djihad* am Widerstand des
altehrwürdigen Bornu [vgl. Kap. IV], dessen *Mai* (Titel des Sa-
kral-Königs) sich die Unterstützung eines eigenen islamischen
Gelehrten sicherte – al-Kanemi († 1845), der in einer umfang-
reichen Korrespondenz mit Muhammad Bello den Vorwurf
zurückwies, Bornu sei heidnisches Land: «Warum bekämpfst
du uns und versklavst du unser freies Volk? Wenn du sagst, du

tust das, weil wir Heiden sind, dann sage ich, dass wir des Heidentums unschuldig sind ... Wenn Beten und Almosengeben, Kenntnis Gottes, Fasten im Ramadan und der Bau von Moscheen Heidentum ist, was ist dann Islam? Sind die Gebäude, in denen du das Freitagsgebet verrichtet hast, Kirchen oder Synagogen oder Feuertempel? Wenn sie etwas anderes sind als islamische Gebetsplätze, warum hast du dann in ihnen gebetet, nachdem du sie erobert hast?» [zitiert nach *Hodgkin 1975:262*].

Im Südwesten überzog der *Djihad* das Land der Nupe, und jenseits des Niger im Gebiet der Yoruba wurde das Emirat von Ilorin errichtet, nachdem das alte Machtzentrum Oyo überrannt worden war. Die restlichen Yoruba-Staaten im Hinterland der Atlantik-Küste aber wehrten sich erfolgreich gegen die gewaltsame Ausbreitung des Islam. «Ein fast ununterbrochener Kriegszustand existierte zwischen den Emiren von Ilorin und den Großleuten [ich bevorzuge anstatt «Häuptlinge» dieses deutsche Wort, das in Namibia während der deutschen Kolonialzeit im Gebrauch war, um das englische *chiefs* zu übersetzen] der Yoruba, besonders jenen der neuen Stadt Ibadan, die um diese Zeit heranwuchs ... Am Ende wurden die Kämpfe durch britische Intervention von der Küste aus beendet ... Diese Kriege hatten zu keinem Abschluss oder angemessener Regelung geführt, als sie unterbrochen wurden, und haben auf Dauer Verbitterung zwischen den beiden Völkern erzeugt. Sie ist noch nicht geheilt, und viel von den Schwierigkeiten der allerletzten Jahre muss in diesem Licht gesehen werden», schrieb der Sardauna von Sokoto später in seiner Autobiographie [*Bello 1962:16*].

Das Sokoto-Kalifat machte im westlichen Sudan Schule. Dort konnten Reformatoren des Islam an die älteren Bewegungen anknüpfen, die im 18. Jahrhundert zur Errichtung der Theokratien im Fouta Djallon und Fouta Toro geführt hatten [vgl. Kap. V]. Um 1820 schuf Ahmad Lobbo (ca. 1773–1845) in seiner Heimat Massina am Niger (im Kernland des alten wie des heutigen Mali) einen neuen Gottesstaat, der von Djenné bis Timbuktu reichte, und nannte seine neu erbaute Hauptstadt Hamdallahi (= Gott sei gelobt). In Geschichtsbüchern ist er häufig als Seku Ahmadu verzeichnet, wobei Seku vom arabischen *shaykh* (Scheich) entlehnt ist – Titel für einen würdigen älteren Mann, mit dem auch Usman dan Fodio und seine anderen Nacheiferer geehrt wurden.

Eine westafrikanische Großmacht in der Tradition von Ghana, Mali und Songhai fügte ein Menschenalter später Alhaji Umar Saidu Tall (ca. 1797–1864) zusammen, angetrieben vom Geist der 1781/82 in der Oase Abu Samghun (heute Algerien) durch den Gelehrten Ahmad al-Tidjani (1737–1815) gegründeten Tidjania-Bruderschaft. Umar stammte aus Fouta Toro. Von 1826 bis 1838 bereiste er Arabien (wo die strenggläubigen Wahhabiten unter Führung der Sa'ud-Familie 1804–06 zum ersten Mal Mekka und Medina erobert hatten, bevor der ägyptische Herrscher Muhammad Ali [siehe unten] sie 1818 für hundert Jahre in ihr Kernland Nedjd zurücktrieb) und hielt sich anschließend mehrere Jahre in Sokoto und Bornu auf. 1848 sammelte Umar am Ostrand des Fouta Djallon Gefolgsleute um sich und zog in den *Djihad* zunächst gegen die Bambara um die Stadt Ségou am oberen Niger, die sich dem Islam bisher verweigert hatten. 1854 kollidierte Umars Expansion vor der Festung Médina am Oberlauf des Senegal mit dem Bestreben des zeitweilig wieder bonapartistisch regierten Frankreichs, seinen Machtbereich entlang dieses Stroms auszubauen; General Louis Faidherbe (1818–89) schlug Umar zurück. Er wandte sich nun an Ahmad Lobbos Nachfolger in Massina zunächst mit dem Ansinnen, gemeinsam gegen die Heiden zu kämpfen. Als der jedoch daran kein Interesse zeigte, überzog Umar auch Massina mit Krieg und verleibte es seinem Reich ein. 1863 fügte er noch Timbuktu hinzu, musste dann jedoch Rebellionen der Bambara niederkämpfen, wobei er bei Ségou ums Leben kam. Er vererbte den weit gespannten, locker gefügten Staat seinem Sohn Ahmadu Seku (†1898), der von Ségou aus regierte, bis Frankreich ihn 1890/91 entmachtete.

Wie schon die Geschichte von Fouta Djallon und Fouta Toro, hat man in Europa auch die Geschichte der islamischen Reformbewegungen im Sudan des 19. Jahrhunderts früher gern in tribalistischen Begriffen erklärt, als eine Machtergreifung der

Fulbe über andere afrikanische Völker. Afrikanische Geschichte, Politik und Gesellschaft auf «Stammeskonflikte» zu reduzieren war ja die Standardformel kolonialistischer Argumentation. Nach allem, was wir heute über die Motive der führenden Männer und über die Zusammensetzung ihrer Gefolgschaften wissen, trifft das nicht den Kern der Sache. Wir dürfen den islamischen Gelehrten ihren Anspruch, die Religion zu reinigen, genau so wenig absprechen wie den englischen Antisklaverei-Kämpfern ihre christliche Ethik. Genau wie bei der Abschaffung des Sklavenhandels spielten gewiss auch bei der Gründung neuer Großstaaten in Afrika Wirtschaftsdaten eine Rolle. Da die Europäer plötzlich keine Sklaven mehr nachfragten, sahen sich die vorher solche anbietenden afrikanischen Herrscher genötigt, ihre Armeen anderweitig zu beschäftigen. Der althergebrachte Karawanenhandel quer durch die Sahara litt unter der Dekadenz seines wichtigsten Absatzmarktes – des Osmanischen Reiches – und konnte dem sich rapide industrialisierenden Europa kaum etwas anbieten. Es mag sein, dass unter solchen ökonomischen Verwerfungen ein am Südrand der Wüste – im *Sahel* – zwischen Senegal und Kamerun weit verstreutes Volk von Großviehzüchtern wie die Fulbe seine Lebensgrundlagen besonders drastisch bedroht sah, und dass deshalb besonders viele von ihnen zu den Fahnen eines *Djihad* eilten. Es ist aber richtiger, im Westafrika des 19. Jahrhunderts von der Hegemonie eines (vielleicht fundamentalistischen) Islam zu sprechen als von einer «Fulbe-Hegemonie».

Kein Ful, sondern ein Mande war Samori Turé (ca. 1838–1900), der letzte Gründer einer islamischen Reformherrschaft in Westafrika vor der europäischen Eroberung. Er regierte seit 1868 den Osten der heutigen Republik Guinea und die angrenzenden Gebiete Malis sowie von Côte d'Ivoire. Samori suchte Geschäftskontakte auch zu den Küstenfaktoreien der verschiedenen europäischen Mächte. Der französische Hauptmann Etienne Péroz, der Samori 1887 aufsuchte (im Jahr zuvor hatte dieser mit den zum Niger vorgerückten Franzosen einen Grenz- und Handelsvertrag geschlossen), schreibt über die Rolle des Islam im Staate Samoris: «Der *Almamy* ist Haupt der Gläubigen und interpretiert den Koran, dessen Vorschriften aber anscheinend den Untertanen keine übermäßigen Sorgen bereiten. Bei dieser Aufgabe hilft ihm ein junger *Marabout* ... – sehr sanft und äußerst tolerant –, den er zu seinem religiösen Ratgeber erhoben hat. Dank diesem intelligenten und liebenswürdigen Berater herrscht im Reiche Toleranz. Der Bau einer mehr oder weniger einfachen Moschee in jedem Dorf und die Unterhaltung des *Marabout*, der sie betreut, gelten allgemein als voll ausreichende öffentliche Kulthandlungen. Die einzige Pflicht, zu deren Befolgung der *Almamy* seine bedeutendsten Untertanen strikt anhält, ist die regelmäßige Entsendung ihrer Söhne zur Schule ... Es steht fest, dass diese staatliche Organisation, von Samori geschaffen und gelenkt, einen beträchtlichen Fortschritt darstellt, wenn man sie mit der Anarchie vergleicht, in der die verschiedenen Völker ... vor seinem Aufstieg lebten.» [*Péroz 1896:363*]

Das Unheil der Sklavenhaltung und damit auch von Sklavenjagden blieb Afrika während des ganzen Jahrhunderts nicht erspart. Es verstärkte sich eher noch unter dem Eindruck der beiden bedeutenden politischen Impulse, die von außen her in Ägypten und an der Ostküste ins Innere des Kontinents hinein wirkten.

In Ägypten lieferte Napoleon Bonaparte die Initialzündung, als er mit einem Heer der Französischen Revolution 1798 über das Mittelmeer setzte, um den Erbfeind England halbwegs auf dem Weg nach Indien herauszufordern. 1801, nach dem britischen Seesieg bei Abukir, kehrte die osmanische Staatsgewalt zurück. Mit ihr zog ein Offizier albanisch-mazedonischer Herkunft namens Muhammad Ali (1769–1849) in Ägypten ein, der es verstand, sich 1805 zum *wali* (= Vizekönig) ernennen zu lassen. Faktisch beherrschte er Ägypten wie einen unabhängigen Staat, ließ als eine seiner ersten Amtshandlungen die zuvor mächtige Kriegerkaste der Mamelucken massakrieren und leitete eine radikale Politik militärischer und administrativer Modernisierung nach französischem Vorbild ein. Ein weltliches Erziehungssystem entstand neben den Koranschulen; keine Rede vom Islam bei diesen Reformen von oben! Nach seinem Feldzug gegen die Wahhabiten in Arabien 1813–19 ließ Muhammad Ali

seine Armee – sozusagen auf den Spuren der antiken Pharaonen –
nilaufwärts marschieren und eroberte das Land, das einst Kusch
hieß. Zweck dieser Kampagne war zum nicht geringen Teil, genau wie vor einigen Tausend Jahren, das Einfangen von Sklaven; ein anderes Wirtschaftsgut hatte das obere Niltal kaum zu
bieten.

Muhammad Alis Nachkommen, die den Thron Ägyptens bis
zur Absetzung des Königs Faruk I. (1920–65) 1952 innehatten,
setzten seine Modernisierungspolitik fort. Britischer Einfluss
verdrängte den französischen, sobald das Projekt Suezkanal aktuell wurde. Unter Isma'il, der 1863–79 regierte, geriet der
Staat dabei immer tiefer in eine Schuldenfalle ruinösen Ausmaßes – gerade so wie die meisten heutigen afrikanischen Staaten. Dagegen empörte sich 1879 eine Gruppe Offiziere unter
Führung von Urabi Pascha (1839–1911), die dem modernen
Nationalismus wiederum nach europäischem Modell huldigte.
Um diesen Brand auszutreten, schickte London 1882 eine Invasionstruppe. Fortan war Ägypten britisches Protektorat – und
die Ära des Hochimperialismus eingeläutet.

Am Oberlauf des Nil löste der britische Zugriff die letzte islamische Reformbewegung – in diesem Fall besser: Revolution –
der afrikanischen Geschichte des 19. Jahrhunderts aus. Ein gewisser Muhammad Ahmad (1844–85) verkündete, er sei der für
die Endzeit von den Muslimen erwartete *Mahdi* (arab. «der
Rechtgeleitete»), und ging daran, das Gottesreich zu verwirklichen. Am 26. Januar 1885 erstürmten seine Soldaten die
Hauptstadt Khartoum, wobei als Kommandeur der Verteidiger
der britische Offizier Charles Gordon fiel. Der Mahdi-Staat hielt
sich unter dem Nachfolger seines Gründers, bis am 2. September 1898 eine britische Armee unter General Horatio H. Kitchener, seitdem *Earl Kitchener of Khartoum* (1850–1916), bei
Omdurman siegte. Gemäß der Faustregel imperialistischer
Kriegführung starben dabei etwa 10 000 Afrikaner, 10 000
wurden verwundet und 5000 gefangen, während die Briten nur
500 Mann verloren. Die islamische Theokratie wurde durch ein
Kolonialregime ersetzt, das sich als britisch-ägyptisches Kondominium ausgab.

Britische und deutsche Kolonialeroberungen beendeten schon
etwas früher die Vormachtstellung des Sultanats von Sansibar
an der Küste und bis weit ins Innere Ostafrikas. Araber vor allem aus Oman hatten seit dem 16. Jahrhundert diesen Raum
der portugiesischen Seemacht streitig gemacht, um von Hafen-
plätzen wie Mombasa, Pangani, Bagamoyo oder Kilwa aus am
Handel vorzüglich mit Elfenbein zu profitieren, das afrikanische Sklaven an die Küste trugen. Diese Geschäfte waren dem
Sultan von Oman, Seyyid Sa'id (1806–56), so viel wert, dass er
1830 seine Hauptstadt auf die Insel Sansibar verlegte. Er diver-
sifizierte das Wirtschaftssystem, indem er die Sklaven, nachdem
sie ihre Kopflasten an der Küste abgeliefert hatten, zur Arbeit
auf Gewürzplantagen (Nelken) heranzog, die er auf Sansibar
und der Nachbarinsel Pemba anlegte. Die Kosten formvollende-
ter Eroberung im Inneren Afrikas scheute er ebenso wie seine
viktorianischen Zeitgenossen in London. Das *informal empire*
arabischer Geschäftsleute, die sich auf den Sultan von Sansibar
beriefen, wenn sie sich zum Beispiel in der später Tabora genannten Stadt mitten im heutigen Tanzania oder in Ujiji am
Tanganyika-See niederließen, erstreckte sich bis weit in das
Kongobecken hinein.

Im Windschatten der beiden eben geschilderten Eingriffe von
außen – aus Ägypten und Sansibar – verlief die Geschichte der
Staaten im Gebiet zwischen den Großen Seen Ostafrikas. Dort
leben seit langer Zeit, deren Dauer sich nicht bestimmen lässt,
Großvieh-Züchter (sie nennen sich Tutsi oder Hima) mit Acker-
bauern (Hutu) zusammen. In den meisten Staaten stellten die
Tutsi den König und bildeten eine herrschende Aristokratie.
Seit Menschengedenken sprechen Hutu und Tutsi dieselbe
Bantu-Sprache, aller sozialen Distanz zum Trotz. Bei den weiter
nach Süden gezogenen Bantu-Völkern, den Zulu oder Sotho
zum Beispiel, ist zwar der Besitz zahlreicher Rinder ein Nach-
weis nicht nur von Reichtum, sondern auch politischer Macht,
dennoch sind Ackerbau und Viehzucht dort eine soziale Syn-
these eingegangen. Anders in den Hima-Staaten; in einigen von
ihnen bestimmt der Unterschied des Wirtschaftens, zu Klassen-
oder Kastengegensatz geronnen, immer noch die Politik. Der

Genozid an den Tutsi in Rwanda 1994 hat zum Beginn des neuen Jahrtausends immer noch böse Aktualität.

Südlich von Rwanda liegt Burundi, westlich Karagwe (heute in Tanzania), nördlich im heutigen Uganda liegen Ankole, Toro, Bunyoro und schließlich Buganda – das einzige Land der Region, wo die Hima nicht als Aristokraten herrschten. Dieses Staaten-Mosaik besteht seit etwa 1500, als das zuvor 200 Jahre lang existierende Kitwara-Reich zerfiel. Im 19. Jahrhundert gewann vor allem Buganda an Kraft, das über den Victoria-See günstige Verkehrsverbindungen zu den von Sansibar aus erschlossenen Handelsrouten nutzen konnte. Am Hof des *Kabaka* Mutesa I. (ca. 1838–84) in Kampala trafen sich die muslimischen Geschäftsleute, denen zu Liebe der König angeblich im Ramadan fastete, mit europäischen Forschungsreisenden (John H. Speke 1862, Stanley 1875), die den *Kabaka* auf die Idee brachten, zwecks Abschirmung gegen das im Norden drohende Ägypten christliche Missionare der *Church Missionary Society* (CMS) aus England (1877) und, um die Balance allseitig herzustellen, katholische *Pères Blancs* aus Frankreich einzuladen (1878).

Buganda erschien den Europäern so wohlhabend, also begehrenswert, dass sich nach 1885 auch ein gewisser Carl Peters (1856–1918) im Namen des Deutschen Kaisers um seine Zukunft sorgte. Der Vertrag von 1890, mit dem Wilhelm II. Helgoland gegen Ansprüche in Sansibar, vor allem jedoch auf Teile Ugandas eintauschte, brachte die meisten Hima-Staaten unter britische «Schutzherrschaft»; in Rwanda und Burundi lösten 1919 belgische «Treuhänder» die Deutschen ab. Sozial und innenpolitisch blieben unter kolonialem Deckel die vorkolonialen Zustände stabil. Die alten Zerwürfnisse zwischen Tutsi und Hutu, in Uganda zwischen politischen Parteien, die sich vornehmlich aus Katholiken respektive Protestanten rekrutierten, brachen erst mit der Befreiung wieder auf.

Andere Staaten größeren Ausmaßes entstanden in Ost- und Zentralafrika unter direktem Anreiz des sansibarischen Elfenbein- und Sklavenhandels. Ihre politischen Systeme erwiesen sich jedoch in der Regel als erheblich weniger dauerhaft. Das gilt für die Herrschaft eines gewissen Ngelengwa Mwenda, eines Nyamwezi (dieses Volk lebt im Zentrum Tanzanias), der um 1855 im Land eines Lunda-*chief* namens Katanga auftauchte (nach ihm wurde später die Provinz von Belgisch-Kongo benannt) und seit 1880 unter dem Titel *Msiri* (= Besitzer des Landes) politische Macht über zahlreiche Volksgruppen ausübte. Er tauschte vor allem Kupfer, das seit langem in Katanga abgebaut wurde, gegen europäische Feuerwaffen; trotzdem zerfiel sein Staat alsbald, nachdem er am 20. Dezember 1891 während Verhandlungen mit einer europäischen «Expedition» von einem Attentäter erschossen worden war. Genau so labil war die Macht Mirambos, eines anderen Nyamwezi, der in den Jahren 1876–80 im Bündnis mit dem seit 1870 Sansibar regierenden Sultan Barghash (ca. 1834–88), die unabhängig operierenden arabischen Kaufleute zwang, seine Herrschaft hinzunehmen; Mirambo starb 1884 gerade rechtzeitig, bevor das Deutsche Reich die sansibarische Interessensphäre auf dem Festland als Kolonie übernahm. Die Staatsgründung des arabischen Geschäftsmanns, der sich Tippu Tib nannte (1837–1905), im östlichen Kongobecken seit etwa 1860 scheiterte direkt am europäischen Imperialismus: Tippu Tib ließ sich zwar 1887 vom Belgierkönig Leopold II. (1835–1909), den die anderen Mächte soeben als Souverän eines «unabhängigen Kongostaates» anerkannt hatten, zum Gouverneur der Ostregion rings um Stanleyville (jetzt Kisangani) ernennen, konnte sich aber gegen die neuen Herren nicht behaupten.

Das Geschick Afrikas ging mit dem Ausklang des 19. Jahrhunderts für zwei bis drei Generationen in die Hände blasshäutiger fremder Besucher über, deren Pfadfinder nun nicht mehr aus wissenschaftlicher Neugier durch das Innere des Kontinents reisten wie noch ein Heinrich Barth (1821–65) aus Hamburg, der 1849–55 im Auftrag der britischen Regierung den zentralen und westlichen Sudan durchzog, die 1857 gedruckten vier Bände seiner *Reisen und Entdeckungen in Nord- und Central-Afrika* dem Preußenkönig Friedrich Wilhelm IV. widmete, aber erst zwei Jahre vor seinem Tod als Professor an die Berliner Universität berufen wurde. Kein deutscher Staat hatte damals politischen Appetit auf Afrika. Das war schon anders, als der schottische Missionsarzt David Livingstone (1813–73) dreimal ins Innere Afrikas aufbrach – 1840 von der Kapkolonie aus, 1858 von der Sambesi-Mündung aus zum Malawi-See, schließlich 1866 wiederum von der Ostküste zu seiner letzten Reise auf der Suche nach den Quellen des Nil, während der er als verschollen galt, bis ihn am 23. Oktober 1871 der vom *New York Herald* engagierte walisische Journalist Henry Morton Stanley (1841–1904) in Ujiji am Tanganyika-See aufspürte. Livingstone strebte danach, das Christentum zu verbreiten und den arabischen Sklavenhandel zu bekämpfen. Das Interesse der europäischen, speziell der britischen Öffentlichkeit an seinen Idealen – und noch viel mehr an den publizistisch glänzend aufbereiteten Taten Stanleys – ging fließend über in die Begeisterung für das, was Imperialisten unterschiedlichster Couleur (vom König der Belgier über den Großindustriellen Cecil Rhodes bis zu Dr. Carl Peters, der vor einer Laufbahn im deutschen Schuldienst zurückscheute) selbst voller Stolz Imperialismus nannten.

VIII. Kattun, die Bibel und das Maschinengewehr. Koloniale und missionarische Eroberung

Zwei Fragen stellen sich mit diesem Kapitel. Zuerst: Was veranlasste die Regierungen Westeuropas, um das Jahr 1880 ziemlich abrupt die bequeme und sparsame Politik des *informal empire*, des «Freihandels-Imperialismus» ad acta zu legen und sich in einen *scramble for Africa* zu stürzen? *Scrambled eggs* sind bekanntlich ein Produkt, das man nach einem klugen englischen Sprichwort niemals wieder *unscramble* kann – und so ist es auch Afrika ergangen. Die Auswirkungen kolonialer Eroberung und Herrschaft ließen sich durch die Befreiungsbewegungen des 20. Jahrhunderts nicht rückgängig machen. Deshalb dürfen, müssen wir nach den europäischen Motiven für imperialistische Expansion fragen. Im Rahmen der afrikanischen Geschichte ist freilich die zweite Frage wichtiger: Wie haben die Afrikaner diesen Vorstoß der Europäer verstanden, wie haben sie darauf reagiert?

Ich sehe kein zwingendes Motiv irgendeines Staates in Europa, Ende des 19. Jahrhunderts in Afrika auf Eroberungen auszugehen. Es gab auch keinen eindeutigen Schrittmacher, sondern eine Art Domino-Effekt, der vom Umgang der Großmächte mit der «orientalischen Frage» ausgelöst wurde – soll heißen: von ihrer Gier, das sieche Osmanische Reich auf dem Balkan, in Nordafrika und im arabischen Vorderasien zu beerben. Das Frankreich des *Empereur* Napoleon III. (auf seine Machtpolitik wurde ursprünglich der Begriff «Imperialismus» gemünzt) betreibt den Bau des Suezkanals; England nimmt sich 1879 zur Vorsicht Zypern; Frankreich legt 1881 seine Hand auf Tunis, England okkupiert ein Jahr später Ägypten. Frankreich beschäftigt Offiziere seiner 1870 geschlagenen Armee damit, von Senegal und anderen Küstenplätzen aus Westafrika zu erobern. Inzwischen konzentriert Leopold II., Spekulant großen Stils auf dem kleinen belgischen Thron, seine vorher weltweit umherschweifenden Kolonialpläne auf das Kongobecken – natürlich nur, «um endgültig das Banner der Zivilisation auf dem Boden Zentralafrikas aufzupflanzen», wie er so schön zur Eröffnung einer Geographen-Konferenz in Brüssel 1876 sagte, und im Namen einer internationalen Öffentlichkeit, die er bei dieser Gelegenheit bat, «ihr Scherflein beizutragen» [zitiert nach *Van Zuylen 1959:515*]; Stanley, der 1874–77 den Lauf des Kongostroms erkundet hatte, legt 1879–84 für Leopold die Fundamente des «Unabhängigen Kongostaates», von dem ein belgischer Kritiker später schreibt: «Der Kongostaat ist keineswegs ein kolonisierender Staat, er ist überhaupt kaum ein Staat: er ist ein Finanzunternehmen. Die Hauptinteressen derer, die ihn regierten, waren pekuniärer Natur. Die Steuerleistung erhöhen; die natürlichen Reichtümer rasch ausbeuten ... Alles übrige war nebensächlich. Die Kolonie wurde weder im Interesse der Eingeborenen verwaltet, noch im wirtschaftlichen Interesse Belgiens. Sie sollte dem königlichen Souverän ein Maximum an Einnahmen bringen.» [*Cattier 1906:341*].

Hier haben wir ein handfestes privates Motiv – und zwei politische dazu für die beiden erwähnten Großmächte: England sichert den neuen Seeweg nach Indien [vgl. *Robinson&Gallagher 1963*], Frankreich leckt seine Wunden. 1884 bekehrt sich Reichskanzler Otto von Bismarck zum Kolonialenthusiasmus eines kleinbürgerlichen Segments der deutschen Öffentlichkeit und lässt den Bremer Tabakhändler Adolf Lüderitz (1834–86) in Namibia, Peters in Ostafrika sein Glück als Eroberer versuchen, während der Forschungsreisende – seit 1861 – Gustav Nachtigal (1834–85) im Juli 1884 als Kaiserlicher Kommissar vom Kriegsschiff «Möve» aus die Reichsflagge in Togo und Kamerun hisst. Keiner dieser deutschen Kolonialpioniere (wie man sie nannte) wurde reich wie Leopold II. oder Cecil Rhodes. Nachtigal starb an Fieber auf der Rückfahrt von Westafrika, Lüderitz ertrank in der Oranje-Mündung. Peters, der 1891–93 in Deutsch-Ostafrika regieren sollte, benahm sich gegenüber Afrikanern so brutal, dass er 1897 nach einem Disziplinarverfahren aus dem öffentlichen Dienst gewiesen wurde, worauf er grollend nach London emigrierte.

Um etwas Ordnung in das Purzeln der Domino-Steine zu bringen, traten die Vertreter von 13 Regierungen Europas (zusätzlich die USA und das Osmanische Reich) am 15. November 1884 zu einer Tagung zusammen, die als Berliner Afrika- oder Kongo-Konferenz bis heute unter afrikanischen Intellektuellen berüchtigt ist. Es war beileibe kein Gipfeltreffen. So wichtig war Afrika Bismarck und den anderen Mächten auch wieder nicht – dieses Thema konnten die in Berlin akkreditierten Diplomaten erledigen. Niemand wollte sich Afrikas wegen ernsthaft in die Haare geraten. Portugals historische Ansprüche, die Kongomündung zu kontrollieren, und damit der Appetit seiner Schutzmacht Großbritannien wurden zurückgestutzt. Von der seit Einbruch der Großen Depression 1873 (sie dauerte bis 1896) verschlissenen Ideologie des Freihandels wurde gerettet, was zu retten war: das papierne Prinzip der Handelsfreiheit im so genannten konventionellen Kongo-Becken, das man auf der Landkarte Zentralafrikas großzügiger einzeichnete als die später festgelegten Grenzen des Kongo-Staates. Zu dessen internationaler Anerkennung stellte die Berliner Konferenz ebenfalls die Weichen. Keineswegs aber zogen die europäischen Diplomaten in Berlin (wie viele Afrikaner hartnäckig meinen) mit dem Lineal Grenzen kreuz und quer durch den Kontinent. Um Krisen zwischen den Imperialisten von vornherein möglichst zu verhüten, einigte sich die Berliner Konferenz vielmehr auf einen Rechtsgrundsatz: «Die Signatärmächte ... anerkennen die Verpflichtung, in den von ihnen an den Küsten des afrikanischen Kontinents besetzten Gebieten das Vorhandensein einer Obrigkeit zu sichern, welche hinreicht, um erworbene Rechte ... zu schützen». So steht es in Art. 35 der Generalakte, die am 26. Februar 1885 unterzeichnet wurde.

Freilich haben die Afrikaner Recht, wenn sie unterstreichen, dass kein einziger der damals noch unabhängigen Staaten Afrikas – Liberia etwa, Marokko, Sansibar oder Äthiopien, von den im Vorkapitel erwähnten Staaten im Sudan oder in Ostafrika ganz zu schweigen – nach Berlin eingeladen war. Es stimmt auch, dass die Berliner Konferenz grünes Licht für den *scramble* bedeutete. Danach ging es Schlag auf Schlag – und fast alle Schläge trafen die Afrikaner. Selbstverständlich waren die Kolonisatoren dabei «auf Mittel zur Hebung der sittlichen und materiellen Wohlfahrt der eingeborenen Völkerschaften bedacht», wie es die Präambel der Berliner Generalakte 1885 verkündet hatte. Nur einem afrikanischen Herrscher gelang es, einen europäischen Staat so hart zu treffen, dass er für vierzig Jahre vor einem zweiten Unterwerfungsfeldzug zurückschreckte: Menelik II. (1844–1913), Kaiser von Äthiopien, besiegte am 1. März 1896 die italienische Invasionsarmee bei Adwa.

Es kam in der Tat nur zu einem Krieg zwischen Weißen um afrikanischen Landbesitz – zwischen Briten und Buren 1899–1902. Zweimal schrammten europäische Staaten hart an bewaffneten Konflikten vorbei: Großbritannien und Frankreich, als General Kitchener nach der Zerstörung des Mahdi-Staates am 19. September 1898 in Faschoda am oberen Nil einrückte und dort die Trikolore wehen sah, die Hauptmann Marchand am 10. Juli gehisst hatte. Die Franzosen zogen sich zurück und mussten damit zufrieden sein, dass ihre drei vom westlichen Sudan, von Algerien und vom Kongo aus konzentrisch auf den Tschadsee vorrückenden Armeekolonnen am 22. April 1900 bei Kousseri (nahe der heutigen Tschad-Hauptstadt Ndjamena) das Heer des letzten afrikanischen Reichsgründers (seit 1878) in diesem Raum vernichteten und ihn selbst – Rabih az-Zubayr – töteten. Damit war der territoriale Zusammenhang eines französischen Afrika-Imperiums zwischen Mittelmeer und Kongo hergestellt. England konnte die Vision seiner Imperialisten, Afrika zwischen dem Kap im Süden und Kairo im Norden zu beherrschen, erst nach dem Ersten Weltkrieg verwirklichen, als es die zwischen Rhodesien (heute Zambia) und Uganda/Kenia klaffende Lücke – Deutsch-Ostafrika – vom Völkerbund als Mandatsgebiet übernahm.

Wirtschaftlichen Sinn machte die Manie nicht, möglichst viel von Afrika auf dem Atlas im Rot oder Blau des jeweiligen «Mutterlandes» einzufärben. Phantastische Projekte, Eisenbahnen quer durch die Sahara oder eben vom Kap bis Kairo zu bauen, blieben genau das – Phantastereien. Schall und Rauch blieben erst recht deutsche Wunschträume, nach dem Sieg im Ersten Weltkrieg ganz «Mittelafrika» einzukassieren (das belgische «Mutterland» des Kongo wollte man ja ohnehin behalten).

1905/06 und 1911 hatten Ambitionen Berlins, sich im noch immer nicht verteilten Marokko festzusetzen, erheblich dazu beigetragen, London und Paris (Faschoda zum Trotz) einander näher zu bringen. Das ist der zweite Fall, in dem um Afrikas willen ein europäischer Krieg drohte. Frankreich teilte Marokko dann 1912 mit Spanien. Nein, der Erste Weltkrieg brach nicht in Afrika aus. Im Gegenteil, noch 1914 kamen Berlin und London überein – wie schon einmal 1898 –, die portugiesischen Kolonien Mozambique und Angola unter sich aufzuteilen. Die Portugiesen fragte man dabei so wenig wie 1884 die Afrikaner.

So stellt sich die koloniale Eroberung Afrikas für die Geschichte der europäischen Diplomatie als eine Kette von mehr oder weniger hektisch ausgehandelten Verträgen dar, aus denen jene Staatsgrenzen hervorgingen, die Afrikas Befreiungsbewegungen um 1960 von den abziehenden Kolonialmächten erbten – und die sie gegenseitig zu respektieren versprachen, als sie sich

1963 bei der Gründung der *Organization of African Unity* (OAU) in Addis Abeba in Gestalt souveräner Regierungen begegneten. Dass diese Grenzen von Fremden willkürlich gezogen waren, oft vor der faktischen Eroberung und ohne Kenntnis der Völker, die beiderseits lebten, wurde in Kauf genommen. Es war eine weise Entscheidung, mag sie noch so viele (meist europäische) Ethnologen verärgern. Eine Selbstbestimmung der Völker, deren Identität in vielen Fällen erst unter der Kolonialherrschaft festgestellt oder erfunden wurde, hätte Afrika nach 1960 nicht die jetzt bestehenden etwa fünfzig, sondern Hunderte oder gar Tausende von «Staaten» eingebracht.

Wie aber stellte sich die koloniale Eroberung Afrikas für die afrikanischen Zeitgenossen dar? Das ist die weit wichtigere Frage für den Historiker als eine Auflistung der Grenzverträge unter europäischen Mächten. Sie ist schwieriger zu beantworten – nicht, weil es keine Schriftquellen gäbe, sondern weil sich die Kolonialregierungen bei ihrem Schriftverkehr für die Meinung der schwarzen Untertanen kaum interessierten. Sicher gab es erhebliche Unterschiede zwischen jenen Völkern – vor allem an der Atlantikküste –, die seit Jahrhunderten Geschäfte mit Europäern gewohnt waren, und anderen, bei denen vor Mitte des 19. Jahrhunderts nie ein weißer Mann (geschweige denn eine Frau) aufgetaucht war. Die Nordafrikaner wiederum kannten ihre Nachbarn jenseits des Mittelmeeres noch viel länger und genauer als die einstigen *middlemen* des Atlantischen Sklavenhandels. Da die Europäer im Vorfeld des Kolonialimperialismus nicht nur als Forscher, als Händler mit dem sprichwörtlichen Kattunballen im Gepäck oder bereits als Soldaten mit dem neumodischen Hinterlader-Repetiergewehr auftraten, sondern auch als Missionare mit der Bibel in der Hand, ist ein Unterschied in der Reaktion anzunehmen zwischen Muslimen, die mit dem Gedanken vertraut waren, dass es so etwas wie Christen (und Juden) gibt, und all jenen afrikanischen Völkern, die Gott und die Geister in althergebrachten Formen verehrten: Heiden, Fetischisten, sagten die Christen Europas damals; von Animismus, Vitalismus, Ahnenkult oder vorsichtshalber von «traditioneller Religion» reden wir heute, während der katholische Priester Placide *Tempels* [1949] aus der «Bantu-Philoso-phie» gar verwandte Züge zum Denken des heiligen Thomas von Aquin herauszulesen glaubte.

Für alle Afrikaner gilt jedoch, dass sie die koloniale Erobe-rung in ihrer Frühphase anders wahrnahmen, als sie gemeint war. Wo man Europäer noch nicht kannte, sah man in ihnen so etwas wie eine neue, kleine Gruppe von Zuwanderern, die sich an die Sitten des Landes anpassen, vielleicht auch (offensicht-lich waren sie ja kriegerisch gesonnen und gut bewaffnet) eine neue Herrschaft errichten würden – ähnlich, wie man gerade im vergangenen Jahrhundert so manche hatte entstehen und vergehen sehen.

Im Mai 1965 schrieb ein tanzanischer Lehrer während eines Fortbildungs-Kurses im Fach Geschichte einen Aufsatz und schilderte die Sache wie folgt: «1905 kamen die Deutschen aus Europa an die Küste Ostafrikas. Sie hatten von diesem Land gehört durch Forscher und durch den Sklavenhandel, der vor-her stattfand. Sie hörten und lasen über das gute Land, wo eu-ropäische Obstbäume wachsen könnten. Deshalb wollen sie vor allem dort siedeln und regieren. ... Nach ihrer Ankunft sa-hen sie, dass die Küste Sandland ist, wo sie nichts anpflanzen konnten. Im selben Jahr zogen sie ins Innere und erreichten Morogoro, wo sie sahen, sie konnten etwas anpflanzen. Aber der Sultan von Uluguru gab ihnen kein Land für ihre Bedürf-nisse und verkündete allen seinen Unter-Sultanen, ‹Keiner darf irgend einem weißen Mann auch nur ein Stück Land geben, und wenn wir ihnen Land geben, werden sie uns zu Sklaven machen, wie die Araber es getan haben›; dann zwang er sie weg zu gehen. ... Später begannen sie, die Felder der Einheimischen mit Gewalt zu nehmen, und ‹Nichts da, wenn ihr den Mund aufmacht, werdet ihr erschossen› ... Als der Sultan das sah, sammelte er Leute zum Kampf, sie hatten keine Gewehre, sie benutzten Speere und Keulen. Die Einheimischen erschraken vor dem Lärm der Gewehre und Granaten, und Menschen wur-den getötet wie Tiere.»

Ganz ähnlich schreibt in exzellentem Französisch Cheikh Hamidou *Kane* [1961:65] aus Senegal in einem teilweise autobiographischen Roman: «Einige ... schwenkten ihre Schilde, senkten ihre Speere und zielten mit ihren Flinten. Man ließ sie herankommen, dann ließ man die Kanone donnern. Die Besiegten verstanden nichts. Andere wollten palavern. Man schlug ihnen vor, zwischen Freundschaft und Krieg zu wählen. Sehr vernünftig wählten sie die Freundschaft: sie hatten nicht die geringste Erfahrung. Das Ergebnis war nämlich überall das gleiche. Die gekämpft hatten und die sich ergeben hatten, die Verträge geschlossen und die stur geblieben waren, fanden sich am nächsten Tag *recensés, répartis, classés, étiquetés, conscrits, administrés.*»

Wir wissen, was Alhaji Sir Ahmadu *Bello* [1962:18f.] von den Briten hielt, die im März 1903 vor Sokoto aufmarschierten: «Veränderungen mussten kommen, es lag in der Natur der Dinge; wir hätten den Einflüssen von außen nicht viel länger widerstehen können ... Die Briten waren das Werkzeug des Schicksals und erfüllten Gottes Willen. Auf ihre Weise taten sie es gut. Selbst zur damaligen Zeit gab es keine Verbitterung nach der Okkupation. Wir waren Eroberer gewohnt, und diese waren anders: sie waren höflich ... Alles ging mehr oder weniger weiter wie zuvor, denn was konnten ein einzelner Resident, ein Assistent und ein paar Soldaten in Sokoto schon tun, um ein so weites Gebiet wie das Sokoto-Emirat zu verändern?»

Es wäre spannend zu erfahren, wie Samori über die Franzosen dachte, mit denen er 1886 paktiert hatte, dann aber fast ein Jahrzehnt lang Krieg führte. Wir wissen es nicht, auch der bretonische Historiker Yves *Person* fand es nicht heraus, der [1968–75] seine *Thèse d'Etat* dem bis heute populären Widerstandshelden widmete (Guineas Präsident Sekou Touré behauptete, von ihm abzustammen). Wir erfahren nur, dass Samori vergebens versuchte, das französische Militär vor Ort gegen die Regierung im fernen Paris auszuspielen und seine erzwungene Bindung an Frankreich durch Handel mit den Briten zu ergänzen. Er ließ seine Leibgarde nach europäischem Modell ausbilden, seine Schmiede kopierten anscheinend mit Erfolg europäische Repetiergewehre. Es nutzte ihm nichts. Von 1891 an musste Samori Schritt für Schritt vor der französischen Armee nach Osten zurückweichen, bis sie ihn am 29. September 1898 gefangen nahm und nach Gabun deportierte.

Einige *middlemen* an der Küste, so die *Kings* (eigentlich eher Inhaber von Import/Export-Firmen) der Duala in Kamerun, die ihre Souveränität 1884 lieber an die Deutschen abtraten als an die Briten, erwarteten von diesem neuen Arrangement Aufschwung ihres Handels mit dem Hinterland. Erst nach einiger Zeit merkten sie, dass die Deutschen alle anfallenden Geschäfte selber machen wollten. Als nach der Jahrhundertwende die deutsche Politik in Duala – inzwischen (bis heute) die Wirtschaftsmetropole für ganz Kamerun – typische Merkmale der späteren *Apartheid* Südafrikas vorweg nahm, verstanden es die Duala, ihren Protest mit Hilfe von Sozialdemokratie und Zentrum in den Berliner Reichstag hineinzutragen. Sie hatten durchaus verstanden, wie das fremde, komplizierte (nämlich zwischen Autokratie und Demokratie oszillierende) politische System des Kaiserreichs funktionierte, und lieferten ein Modell gewaltfreien, gleichwohl entschlossenen Widerstands. Die deutsche Kolonialmacht war es, die in diesem Konflikt 1914 beim Ausbruch des Weltkrieges zur Gewalt schritt und Rudolf Manga Bell, den Wortführer der Duala, als angeblichen Hochverräter hinrichtete.

Hauptsächlich aus der Schicht der *middlemen* sollte nach 1918, verstärkt nach dem Zweiten Weltkrieg die Führung der antikolonialen Befreiungsbewegung hervorgehen. Denn sie stellten – zusammen mit einigen Söhnen von Großleuten – die ersten Generationen moderner Intellektueller, der *assimilés* oder *évolués*, wie man auf Französisch sagte, während die im Englischen übliche Bezeichnung *educated Africans* präzise aussagte, worauf es ankam, und das deutsche Schimpfwort «Hosennigger» die negativen Vorurteile der weißen Möchtegern-Herrenrasse unverblümt verkündete. Gemeint sind jene Afrikaner, welche die Schulen des Kolonialsystems absolvierten, von denen Cheikh Hamidou Kane im direkten Anschluss an das obige Zitat schreibt: «Die neue Schule hatte gleichzeitig Anteil an der Natur der Kanone und des Magneten ... Die Kanone zwingt den Leib, die Schule fasziniert die Seele. Wo die Kanone ein Loch der Asche und des Todes schlug, errichtet die neue Schule ihren Frieden.»

Die meisten der kolonialen Schulen, vor allem dort, wo der Islam nicht das gesellschaftliche Leben bestimmte, waren christliche Missionsschulen. Afrikaner halten den Europäern bis heute gern ein geflügeltes Wort entgegen, dessen Ursprung ich nicht kenne: «Als ihr zu uns kamt, hattet ihr die Bibel und wir den Boden. Bald danach hatten wir die Bibel – und ihr den Boden.» Welche Rolle spielte die christliche Mission wirklich im späten 19. und frühen 20. Jahrhundert Afrikas?

In vielen Fällen kamen die Prediger des Christentums gleichzeitig mit den Imperialisten nach Afrika oder folgten ihnen auf dem Fuße – aber nicht in allen. Die überwiegend aus Württembergern gebildete evangelische Baseler Missionsgesellschaft, 1815 gegründet, arbeitete schon seit 1828 an der Küste des heutigen Ghana. Im Auftrag der aus der Anglikanischen Kirche 1799 hervorgegangenen *Church Missionary Society* (CMS) wagte sich Johannes Rebmann (1828–76) – auch er ein Württemberger – 1846 von der ostafrikanischen Küste ins Innere vor; als erster Europäer erblickte er 1848 den Kilimandjaro. Die (ebenfalls evangelische) Berliner Missionsgesellschaft betätigte sich in Südafrika schon lange, bevor sie nach 1885 Deutsch-Ostafrika in ihre Arbeit einbezog. Für die Rheinische Mission (1828 gegründet) traf Carl Hugo Hahn (1818–95) 1842 in Windhoek ein, der Hauptstadt des heutigen Namibia: Jonker Afrikaner (ca. 1790–1861), Anführer einer Gruppe aus dem Nama-Volk, der sich wie so viele Großleute in ganz Afrika um diese Zeit bemühte, seinen Machtbereich zu erweitern und zu modernisieren, hatte um Entsendung eines Missionars gebeten. In den folgenden Jahrzehnten spielte die Rheinische Mission (in ihren eigenen Augen) die Rolle eines Friedensvermittlers im dauernd schwelenden Krieg der Nama gegen ihre nördlichen Nachbarn – die Herero – um Vieh und Wasserstellen; die Geschichtsschreibung der DDR sah gerade in dieser Rolle allerdings «das klassische Beispiel, wie es durch die jahrzehntelange Tätigkeit einer christlichen Missionsgesellschaft gelingt, die inneren Abwehrkräfte eines Landes zu lähmen und für die ko-

loniale Unterwerfung günstige Voraussetzungen zu schaffen»
[*Loth 1963:9*].

Auch Zeitgenossen argwöhnten bereits hinter dem Eifer
christlicher Missionare politische Ambitionen ihres Heimatlandes. Als am 22. Dezember 1860 eine französische Korvette drei
katholische Priester – *Pères du Saint-Esprit* –, sechs Ordensschwestern und einen Marine-Arzt (!) im Hafen von Sansibar
absetzte, wo der islamische Sultan sie freundlich willkommen
hieß, berichtete ein britischer Diplomat nach London: «Ich
denke, es gibt keinen Zweifel, dass die Mission unter Schirmherrschaft des französischen Marinebefehlshabers ein Unternehmen der französischen Regierung ist.» In der Tat war der
schon 1703 gegründete Orden seit 1779 am Senegal, seit 1844
in Frankreichs Küstenstützpunkt Gabun aktiv, bevor er sich ab
1864 an mehreren Punkten der westafrikanischen Küste (auch
in britischen Interessenzonen wie Sierra Leone und Nigeria), an
der Kongomündung und in Angola niederließ.

Frankreichs bedeutendster Afrika-Missionar des 19. Jahrhunderts, Charles Kardinal Lavigerie (1825–92), seit 1867 katholischer Erzbischof von Algier und 1884 vom Papst als Primas
für ganz Afrika eingesetzt, gründete 1868 die *Société des Missionaires de Notre Dame d'Afrique* (bekannter als Weiße Väter) – ursprünglich, um in Algerien zu wirken. Da die Muslime
gegen christliche Mission resistent blieben, wandten die *Pères
Blancs* sich ab 1878 dem Afrika südlich der Sahara zu. Ihre Arbeit trug mehr Früchte in Ostafrika – speziell Buganda – als im
französischen Kolonialreich. Da Frankreich dort keine Chance
hatte, gegen britischen Zugriff etwas auszurichten, regte Kardinal Lavigerie im Juni 1886 in einem Gespräch mit dem deutschen Konsul in Tunis an, Bismarck möge sich um ein Protektorat über Buganda bemühen [vgl. *Niesel 1971:49*]; für einen
Moment spielte Europa damals mit dem Projekt einer deutschfranzösischen Kolonialallianz.

Ein David *Livingstone* verstand sich gewiss nicht als Vorläufer kolonialer Eroberung, wenn er zum Abschluss seines ersten
großen Reiseberichts [*1857:673*] «*the development of commerce, the elevation of the natives, or abolition of the trade*

in slaves» mit seinem *«missionary enterprise»* in einem Atemzug nannte. Aus heutiger Sicht braucht man kein dogmatischer Marxist zu sein, um anzuerkennen, dass der kommerzielle Zeitgeist mitsamt dem privaten Profitstreben, das dazu gehört, nationalistisch verbrämt, vor den Kirchentüren nicht halt machte.

Hinzu kommt freilich noch ein anderes, ein gegenläufiges Motiv. Unter Ausbreitung der Zivilisation im Zeichen des Christentums verstanden viele Missionare auch die Rettung einer Kultur, die in Europa gerade unter ihren Füßen an der Industrialisierung zerbrach, durch Transplantation ins angeblich «unverdorbene» Afrika (ähnlich, wie in den 1960er und 70er Jahren europäische Linksintellektuelle, deren Revolutionen daheim scheiterten, bei afrikanischen Regierungen und Befreiungsbewegungen den reinen und harten Sozialismus suchten). In England war die Missionsbewegung des 19. Jahrhunderts ursprünglich «eine Initiative aus der Arbeiterklasse, weit entfernt von Universitäten, den Reichen oder der Staatskirche»; so kennzeichnet *Hastings* [1994:244] das Umfeld der 1792 gegründeten *Baptist Missionary Society* und der ihr seit 1795 nacheifernden *London Missionary Society* (LMS) – im Unterschied zur «staatskirchlichen» CMS. Die «Baseler» kamen aus den Dörfern Württembergs. Diese Missionare wollten für ihre neu bekehrten Gemeinden stabile, harmonische, selbstgenügsam wirtschaftende Gemeinschaften von Bauern und Handwerkern schaffen – egal, ob es sich um Protestanten oder (in Ostafrika) die katholischen Benediktiner von St. Ottilien handelte. Daraus wurde nicht viel – «Wir taufen die Christen im Busch, die Stadt nimmt sie uns wieder weg», hieß es später –, mochten auch Kolonialbeamte gelegentlich auf die Missionen schimpfen, sie bildeten Fachkräfte nur für den eigenen Bedarf aus.

Viele Afrikaner sahen jedenfalls im Angebot der Missionen vor allem einen Weg zum sozialen Aufstieg unter den neuen Bedingungen der Fremdherrschaft. So ist auch zu erklären, warum die christliche Predigt vielerorts zuerst bei der Unterschicht offene Ohren fand. Die Taufe befreite von der althergebrachten

Haussklaverei. Bald aber spürten viele Afrikaner die Ambivalenz in den Missionskirchen, ihr gespaltenes Verhältnis zum Kolonialsystem. Sie reagierten mit Aufstand gegen die Missionare, mit Gründung eigener Kirchen, auch mit dem Einbau von Teilstücken der biblischen Botschaft in politische Revolten (spricht nicht das Alte Testament von Befreiung – Wunsch und Wirklichkeit – im alten Israel?) – bei Hendrik Witbooi in Namibia 1904, bei den Zulu 1906, bei dem Missionshelfer John Chilembwe, der in den USA Theologie studiert hatte, im heutigen Malawi 1915.

Die erste «Äthiopische Kirche» Südafrikas gründete 1892 Mangena Mokone in Johannesburg aus Protest gegen Rassentrennung in der *Weslyan Church;* der Name bezog sich offenbar nicht auf Kaiser Meneliks Sieg 1896, sondern auf die Tradition eigenständigen Christentums in Äthiopien. 1902 fasste eine erste «Zionistische Kirche» (der Name spielt auf die ekstatische Erwartung einer baldigen Wiederkunft Christi an) vom schwarzen Amerika her in Südafrika Fuß. Gegenwärtig gehört ein Drittel aller schwarzen Einwohner Südafrikas – mehr als 10 Millionen Menschen – unabhängigen afrikanischen Kirchen an und verteilt sich auf mindestens 3000 Gemeinschaften. Genau so alt ist die Tradition eigenständigen afrikanischen Christentums in Westafrika – etwa einer *Native Baptist Church* in Kamerun seit 1887, in Nigeria seit 1888, in Ghana seit 1898.

1921 erregte im damaligen Belgisch-Kongo der baptistische Katechet Simon Kimbangu (ca. 1889–1951) Aufsehen durch Krankenheilungen. Seine Predigt verband den Monotheismus des Christentums mit altafrikanischer Verehrung der Ahnen, er verurteilte Polygamie und laxe Sexualmoral. Die Kolonialregierung verhaftete ihn, ließ ihn wegen Aufruhrs zum Tode verurteilen und hielt ihn bis zum Tode in Haft. Seine *Eglise de Jésus-Christ sur la Terre par le Prophète Simon Kimbangu* hat heute in Zentralafrika mindestens eine Million, vielleicht drei Millionen Anhänger und gehört seit 1969 dem Genfer Ökumenischen Rat der Kirchen an.

Für die Gegenwart (2006) schätzen die Soziologen der Pennsylvania State University, auf dem Kontinent Afrika seien von etwa 980 Millionen Einwohnern 45,9 % Christen, 41,2 % Muslime, 6,8 % gehörten «traditionellen Religionen» an [Wikipedia, Stichwort *Religion in Africa*, Zugriff 21. 12. 2009].

IX. Fremdherrschaft, Modernisierung und Befreiung – in die Demokratie oder neue Diktatur?

Wie es im 20. Jahrhundert weiterging mit der Geschichte Afrikas – genauer gesagt: mit der Innenpolitik – darüber habe ich 1999 in dem Buch *Politische Geschichte Afrikas im 20. Jahrhundert* zu Papier gebracht, was mir an Fakten wichtig und an Meinung zumutbar erschien. Auch im neuen Jahrtausend schwankt die öffentliche Meinung (nicht nur) in Deutschland einigermaßen konfus zwischen Afro-Pessimismus, Applaus für die (von Thabo Mbeki und anderen) verkündete «Afrikanische Renaissance» und dann neuerlichem Entsetzen über Kindersoldaten, Massaker und andere Gräuel – sei es in Sierra Leone, am Kongo, in Darfur, Somalia, beim «Staatszerfall» oder von der Regierung angezettelten Genozid. Es liegt nahe, den gesellschaftlichen Strukturen Afrikas, die in der Kolonialzeit wurzeln, über Wohltätigkeitskonzerte und Präsidententreffen hinaus vertiefte Beachtung zu widmen [vgl. *Hauck 2001*].

Im ersten Jahrzehnt des 20. Jahrhunderts beendeten die Kolonialmächte die Errichtung ihrer «Obrigkeit» – um in der Sprache der Berliner Generalakte von 1885 zu reden – überall in Afrika, ausgenommen Äthiopien und Liberia. In ihren frisch umgrenzten Kolonien schlugen die neuen Herrscher zunächst serienweise den so genannten Sekundär-Widerstand der Afrikaner nieder. Damit sind Aufstände gemeint, die nur noch teilweise von den alten politischen Autoritäten aus vorkolonialer Zeit angeführt wurden. Oft strebten die Rebellen einen Zusammenschluss mehrerer vorher politisch getrennter Gruppen an, um der übermächtigen Kolonialregierung entgegenzutreten [vgl. *Ranger 1968*]: die Shona in Zimbabwe 1896; Herero und Nama in Namibia 1904; diverse Völkerschaften, die zumeist vorher keine staatliche Ordnung gekannt hatten, in Deutsch-Ostafrika 1905 (Maji-Maji-Aufstand); Zulu 1906; Baúle in Côte d'Ivoire 1908... Gemeinsame spirituelle Kraft suchten die Aufständischen nicht nur in christlichem Ideengut (wie Chilembwe in Malawi 1915) oder im Islam, sondern auch im alt-afrikanischen Glauben an die Geister der Ahnen und bei ihrer Magie: Nicht nur in Deutsch-Ostafrika sollte geweihtes Wasser gegen Gewehrkugeln schützen (maji swahili steht für Wasser).

Es half alles nichts gegen das 1884 patentierte frühe Maschinengewehr, das der als Franzose geborene Engländer Hilaire Belloc (1878–1953) um 1900 mit den Zeilen besang «Whatever happens, we have got the Maxim Gun and they have not». Dies gilt nicht mehr für den Aufstand 1921–26 im Rif-Gebirge Nord-Marokkos unter Abd el-Krim (1882–1963) gegen Spanien und Frankreich; er besaß einige Maschinengewehre. Noch 1936 fiel das faschistische Italien mit mehr als 200000 Soldaten (und Giftgas) reinsten Gewissens unter Berufung auf «die Lebensnotwendigkeiten des italienischen Volkes und seine Sicherheit in Ostafrika» (so die Zeitung Popolo d'Italia am 31.7.1935) und mit dem Segen des Papstes (Osservatore Romano 24.2.1935: «Wir erblicken in der Kolonisation ein Wunderwerk der Geduld, des Heldenmuts und der brüderlichen Liebe») über Äthiopien her, immerhin ein Mitglied des Völkerbundes, und machte es bis 1941 zur Kolonie.

Der Erste Weltkrieg brachte – der Neutralitätsverpflichtung aller Mächte im Kriegsfall für das «konventionelle Kongobecken» laut Art. 11 derselben Generalakte zum Trotz – Kampfhandlungen in den deutschen Kolonien Kamerun und Ostafrika sowie in dem außerhalb des Kongobeckens liegenden Namibia mit sich. Der militärischen Eroberung durch französische, britische und südafrikanische Truppen folgte im Versailler Vertrag 1919 der Verzicht des Deutschen Reiches auf seinen gesamten Überseebesitz und dessen Aufteilung unter dem Mandat des Völkerbundes. Seitdem liegen die politischen Grenzen in Afrika fest, von wenigen Ausnahmen abgesehen.

Allmählich gewöhnten Kolonialherren und Kolonisierte sich

aneinander. Ziemlich bald lernten Afrikaner – Großleute und einfache Menschen –, wie sie die Fremden gegeneinander ausspielen, ja manipulieren konnten, all deren Macht zum Trotz. Es lohnt sich, die Chagga am Südhang des Kilimandjaro zu fragen, wie es kommt, dass ihre Dorfgemeinschaften, die jeweils den Wasserabfluss vom Berg in einem der eingeschnittenen Täler kontrollieren, abwechselnd katholisch und protestantisch sind. Sie haben die Missionare in den Dienst ihrer althergebrachten Rivalitäten gestellt. Welche europäische Macht da ihre Flagge aufgezogen hatte, spielte keine besondere Rolle.

Die Europäer mochten darüber streiten, ob Englands in Lord Lugard (1858–1945) verkörperte, von ihm in Uganda und Nord-Nigeria praktizierte Vorliebe für *indirect rule* [vgl. *Lugard 1965*] erfolgreicher wäre als die Bereitschaft Frankreichs zu einer *assimilation* schwarzer Intellektueller – während die erdrückende Mehrheit bis 1945 *sujets* blieb, Untertanen ohne politische Rechte. Es stimmt schon, dass Frankreich den wenigen einheimischen *citoyens* in seinen alten Küstenplätzen am Senegal schon seit 1848 gestattete, einen Deputierten zu wählen und ins Parlament nach Paris zu schicken, während in London niemand auch nur im Traum daran dachte, einen *Member of Parliament* etwa von der Goldküste einzuladen. Es stimmt auch, dass in den Grundschulen britischer Kolonien in der Regel in einer afrikanischen Umgangssprache unterrichtet wurde, während in den französischen jedes Kind ab der ersten Klasse nur Französisch reden durfte. Trotzdem bauten auch die Franzosen afrikanische Fürsten «indirekt» in ihr Kolonialsystem ein – nicht nur den Sultan von Marokko oder den Bey von Tunis, sondern auch z.B. den Mogho Naba bei den Mossi im heutigen Burkina Faso, genau wie die islamische Bruderschaft der Muriden in Senegal, die nach dem Prinzip funktionierte, dass sie für ihre Bauern betete, während die Bauern für ihre Marabouts arbeiteten (nämlich Erdnüsse für den Export nach Frankreich anbauten). Die Engländer auf der anderen Seite verstanden es durchaus, afrikanische Polizisten und Soldaten, Juristen, Journalisten, Verwaltungsbeamte und nicht zuletzt Kirchenleute für Sitten und Werte britischer Lebensart zu gewinnen.

Eine zentrale Aufgabe ihres (in den eigenen Augen) segensrei-
chen Wirkens sahen alle Kolonisatoren darin, die Afrikaner zur
«Arbeit zu erziehen» [vgl. *Markmiller 1995*] – als ob diese vorher nicht hätten arbeiten müssen, wenn sie essen wollten! Es
war nur so, dass viele Afrikaner nicht einsahen, warum sie für
die Weißen gegen Lohn arbeiten sollten, solange ihre Familien
auf dem Lande erzeugten, was alle zum Leben brauchten. Man
führte Kopfsteuern ein, um sie zum Geldverdienen zu zwingen.
Aber immer noch arbeiteten Afrikaner lieber auf eigene Rech-
nung – und das oft sehr erfolgreich, freilich im Rahmen der
neuen Wirtschaftsstruktur, die man auf Französisch *pacte colonial* nennt: Die Kolonien liefern Rohstoffe, das «Mutterland»
Fertigwaren. So entstand noch vor 1914 im Süden Ghanas eine
wohlhabende Klasse einheimischer Kakao-Bauern, die durchaus das von den Briten eingeführte Recht auf Privateigentum an
Grund und Boden zu schätzen wussten. In Ostafrika schlossen
sich afrikanische Kaffeepflanzer 1925 zu einer ersten Genossen-
schaft zusammen.

Gemeinsam mit den Europäern, die im kolonialen Afrika alle
im Stil heimatlicher Aristokraten und Großbürger zu leben ge-
dachten, erfanden wendige Afrikaner ganze neue «Stämme»,
deren Angehörige angeblich besondere Fähigkeiten als Haus-
«Boys» oder Kinder-«Mädchen» aufwiesen. Dort allerdings, wo
europäische Bergbaukonzerne jetzt die mineralischen Rohstoffe
Afrikas in großem Stil mit moderner Technik abbauten, wie das
Gold und die Kohle Südafrikas, Kupfer in Nord-Rhodesien
(heute Zambia) und dem benachbarten Katanga, kamen Afrikaner um industrielle Lohnarbeit nicht herum, die für viele
schlecht bezahlte, bedrückende, familiäre und soziale Bindun-
gen strapazierende Wanderarbeit bedeutete. Um jedoch für den
Eisenbahnbau in Kenia oder die Zuckerrohrplantagen von Natal Arbeitskräfte zu gewinnen, mussten Inder angeworben werden, aus denen dann binnen zwei Generationen gut verdienende
Minderheiten von Geschäftsleuten und Technikern erwuchsen.

Afrikas Bevölkerung begann allmählich wieder zu wachsen,
nachdem sie insbesondere am Kongo (bis 1908, dann musste
der König seine Kolonie dem belgischen Staat überlassen) unter

Leopolds Raub- und Zwangswirtschaft dramatisch dezimiert worden war. Die Kolonialregierungen richteten Gesundheitsdienste ein – natürlich in erster Linie, um die Seuchensterblichkeit unter Weißen zu verringern –, sie garantierten nach den kriegerischen Wirren des 19. Jahrhunderts und den großen Aufständen Landfrieden. Das sind die beiden Posten, die in der Bilanz des Kolonialismus neben der Einführung des Privateigentums an Grund und Boden wohl positiv zu verbuchen sind. Sie wiegen allerdings die schlimmen Folgen der Fremdherrschaft nicht auf, unter denen die Lähmung oder Verkrümmung politischer Eigendynamik und die Zersetzung der althergebrachten sozialen Netze selbstgenügsamer bäuerlicher Gesellschaften besonders ins Gewicht fallen.

Die *colour bar*, die Rassenschranke zwischen Oben = Weiß und Unten = Schwarz (oder in Nordafrika = Muslimisch), war in allen Kolonien gängige Praxis. Zwar hatte schon 1906 der Chef des Kaiserlich Deutschen Reichskolonialamts, Bernhard Dernburg (1865–1937), öffentlich davon geredet, dass «der Eingeborene der wichtigste Gegenstand der Kolonisation [ist] ... und die manuelle Leistung des Eingeborenen das wichtigste Aktivum bildet». Hintergrund dieser Einsicht war, dass trotz verbesserter medizinischer Dienste kaum ein afrikanisches Land europäische Siedler in größerer Zahl lockte. Dennoch huldigten so gut wie alle Europäer, die – auf Dauer oder auf Zeit – in die afrikanischen Kolonien gingen, dem seit den Jahrhunderten des Atlantischen Sklavenhandels gängigen weißen Rassismus.

Gegen die Bevormundung, gegen die Beleidigung als «minderwertige Rasse» oder (in den Reden «liberaler» und christlich engagierter Europäer) gegen die Zumutung, auf gleiche Rechte zu warten, bis die schwarzen «Kinder» «erwachsen» sein würden («Ich bin Dein Bruder, aber Dein älterer Bruder», soll Albert Schweitzer [1875–1965] zu «seinen» Afrikanern in Lambarene gesagt haben) – gegen dieses allen Kolonialregimen gemeinsame muffige Klima lehnte sich schon in den Jahren zwischen beiden Weltkriegen, mit vollem Schwung dann nach 1945 die dritte Generation afrikanischen Widerstandes auf: nach der Verteidigung alter Ordnungen und den breiter ausgreifenden Auflehnungen um die Jahrhundertwende nun die Front neuer, von den Europäern als «modern» und «national» [vgl. *Hodgkin 1956*] eingestufter Befreiungsbewegungen.

Sie stießen nach dem Zweiten Weltkrieg nur noch in Südafrika und Rhodesien, in Algerien und ausgerechnet besonders hartnäckig bei der schwächsten und ärmsten Kolonialmacht – Portugal – auf gewalttätige Gegenwehr. Das 1940 besiegte Frankreich war durch die Kollaboration seiner antidemokratischen Rechten mit der deutschen Besatzungsmacht im Kern seines republikanischen Selbstbewusstseins verletzt. Nur in der Kolonialföderation Afrique Equatoriale Française (AEF), die von der Südgrenze Libyens bis an den Kongo reichte, ging die Verwaltung schon 1940 zu de Gaulle über – angestoßen durch den schwarzen, aus der afro-karibischen Diaspora gebürtigen Gouverneur von Tschad, Félix Eboué (1884–1944). Algerien und Marokko nahmen die Amerikaner und Briten erst Ende 1942 der Vichy-Regierung weg – und US-Präsident Franklin D. Roosevelt machte dem jungen Sultan von Marokko, Mohammed V. (1919–61), anlässlich eines Gipfeltreffens in Casablanca Appetit auf künftige Selbstständigkeit. Französisch-Westafrika (AOF), vor dessen Hauptstadt Dakar de Gaulle (an Bord eines britischen Kriegsschiffes) im September 1940 mit Artilleriefeuer zurückgeschlagen worden war, unterwarf sich erst 1943 seinem Comité Français de Libération Nationale, das dann im Februar 1944 auf einer Konferenz in Brazzaville empfahl, künftig den Afrikanern «die Behandlung ihrer eigenen Angelegenheiten» zu ermöglichen und die Repräsentation der Kolonien im Parlament der nach dem Sieg neu zu begründenden Französischen Republik zu verstärken.

In England hatte Lord William Malcolm Hailey, Autor eines 1938 gedruckten *African Survey*, nach einer Reise durch west- und ostafrikanische Kolonien im Jahre 1940 der Regierung einen vertraulichen Bericht über *Native Administration and Political Development* eingereicht. Er spricht davon, man solle künftig «Afrikaner an Maßnahmen zur Förderung gesellschaftlicher und wirtschaftlicher Entwicklungen interessieren» und zu diesem Zweck «nach und nach Afrikaner zu allen Abteilungen der Regierungs-Dienststellen zulassen». Während für den Augenblick *the substance of power* in weißen Händen verbleiben müsse, sei als Endstadium *self-government* ins Auge zu fassen, wie es Kanada, Australien und Neuseeland – und Südafrika unter seiner weißen Minderheitsregierung – längst genossen.

Das war der Boden, den die neuen «nationalen» Befreiungsbewegungen Afrikas 1945 betraten. Welche Nationen galt es zu befreien? Fast einmütig meinte die junge Generation der Intellektuellen – ein Kwame Nkrumah (ca. 1909–72) von der Gold-, ein Félix Houphouët-Boigny (1905–93) von der benachbarten Elfenbeinküste, ein Julius Nyerere (1922–99) aus Tanganyika, ein Léopold Sedar Senghor (1906–2001) aus Senegal – mindestens alle Afrikaner in den Grenzen der Kolonial-Territorien.

Was war unter Befreiung zu verstehen? Die Politiker in den französischen Kolonien südlich der Sahara – gerade auch im Rassemblement Démocratique Africain (RDA), das bis 1951 mit der Kommunistischen Partei Frankreichs zusammen arbeitete – waren zunächst bereit, der jungen IV. Republik ihr Angebot einer gleichberechtigten Integration abzunehmen, zumal sie selbst beste Chancen hatten, als Abgeordnete in die Pariser Nationalversammlung gewählt zu werden, die bis 1958 das Machtzentrum Frankreichs darstellte. Symbolische Gleichberechtigung wurde 1945 sofort vollzogen: Aus allen («eingeborenen») *sujets* der Republik wurden *citoyens*. Schrittweise folgten sogar greifbare Stücke politischer Wirklichkeit: 1952 ein Arbeitsgesetz, das alle sozialen Errungenschaften des «Mutterlandes» auf die Kolonien übertrug (Gewerkschaften hatte schon die kurzlebige Volksfront-Regierung 1937 in Westafrika zugelassen), und bis 1957 das allgemeine Wahlrecht.

Wahlrecht erhielten auch die Afrikaner in britischen Kolonien – aber nur für die jeweiligen *Legislative Councils* jedes Landes, aus denen dann mit der Unabhängigkeit das Parlament wurde. Für Westafrika hatte schon im Oktober 1945 der in Manchester versammelte V. Panafrikanische Kongress, auf dem Nkrumah eine treibende Kraft war, die Parole «komplette und absolute Unabhängigkeit» ausgegeben. Nkrumah selbst ging alsbald daran, das Volk seiner Heimat Ghana (wie die schwarzen Intellektuellen jetzt stolz die bisherige Gold Coast nannten, obwohl das historische Ghana sich nie bis dorthin erstreckte) für den politischen Kampf um *self-government now* zu mobilisieren. Ihm gelang 1948–51 der Aufbau einer straff geführten politischen Partei, der Convention People's Party (CPP). Die Entkolonisierung verlief glatt, fast reibungslos – nach dem Schock vom 28. Februar 1948, als die Polizei auf Demonstranten schoss und danach 29 Menschen tot waren, 237 verletzt. Im Februar 1951 gewann die CPP, während Nkrumah seit einem knappen Jahr im Gefängnis saß, die ersten halbwegs allgemeinen Wahlen (die Nordprovinz nahm noch nicht teil), und aus dem Häftling wurde der Regierungschef. Harmonische Zusammenarbeit mit dem britischen Gouverneur folgte. Am 6. März 1957 wurde Ghana unabhängig, versehen mit einer demokratischen Verfassung und dem für England typischen relativen Mehrheitswahlrecht, das auch dort ein Zweiparteiensystem stabilisieren sollte – es jedoch nicht tat.

Dem ghanaischen Modell folgte drei Jahre später Nigeria, dem die Briten eine bundesstaatliche Verfassung mit auf den Weg gaben – seiner Bevölkerungsmasse von damals schon fast 35 (2009: ca. 155) Millionen wegen und ihrer tiefen kulturellen, historisch verfestigten Unterschiede zwischen Nord und Süd. In Kenia schlugen die Briten noch einmal 1952–56 einen Aufstand des Kikuyu-Volkes nieder, dessen Wesen sie nicht recht verstanden und das sie deshalb mit einem unverständlichen Wort benannten – *Mau-Mau*. Dabei wollten die Kikuyu einfach das Land zurückhaben, das weiße Farmer okkupiert hatten, und bedienten sich dabei ähnlicher Organisations- und Kampfformen wie andere afrikanische Völker bei den großen Auflehnungen um 1900. Das politische Gewicht der 66 000 Kenia-Weißen reichte aus, um England in diesen Kleinkrieg zu zerren. Aus global-strategischer Sicht war er sinnlos. Britisch-Indien, um dessentwillen man einst die Hand auf Ostafrika gelegt hatte, gab es nicht mehr, logischerweise entließ London deshalb auch den Sudan schon 1956 – noch vor Ghana – in die Unabhängigkeit.

Frankreich hatte 1947–48 einen schlecht organisierten Aufstand auf Madagaskar niedergeschlagen, den es durch die Weigerung provoziert hatte, auf Autonomieforderungen der 1946 von den «Eingeborenen» in das Pariser Parlament gewählten Deputierten einzugehen: 11 342 Todesopfer, darunter 142 Franzosen und 17 Senegalesen [*Deschamps 1960:270*]. Diesen Sieg gedachte die IV. Republik zu wiederholen, als ihr am 1. November 1954 in Algerien eine zuvor unbekannte *Front de Libération Nationale* (FLN) den Befreiungskrieg erklärte; allzu unbekümmert hatten die Verwaltung und die Algerien-Europäer Wahlen der Muslime verfälscht, sodass immer Leute «siegten», die allgemein als *Beni Oui-Oui* verspottet wurden.

Der Guerilla-Kampf in Algerien, bei der die FLN Rückendeckung nicht nur der gesamten arabischen Welt, sondern auch aus dem sowjetischen Lager und schließlich sogar von einflussreichen US-Amerikanern (darunter ein gewisser Senator John F. Kennedy) erhielt, war für Frankreich nicht zu gewinnen – schon gar nicht mit der Wehrpflichtigen-Armee und auch nicht durch Folter und sonstigen Terror. Am Ende 1962 waren 10–13 000 [*Elsenhans 1974:832*] französische Soldaten tot und mindestens 300 000 Muslime (Algerier sprechen von 1,5 Mio.), zwei Millionen Dorfbewohner wurden zwangsweise umgesiedelt [*Britannica CD 2007*]. Fast alle Europäer (1960: 1 von 10 Mio. Einwohnern) wurden alsbald vertrieben.

Wenigstens südlich der Sahara schwenkte man deshalb, um ähnlichen Explosionen vorzubeugen (in Kamerun schwelte bereits seit 1955 ein Kleinkrieg), von der Doktrin der Einen und Unteilbaren Republik ab und bot den Afrikanern eine gewisse Autonomie an. Als de Gaulle im Mai 1958 wieder an die Macht kam, sprach er vorübergehend diffus von einer *Communauté*, die viel schöner noch als das Commonwealth werden sollte, überwarf sich deshalb mit Guineas Sekou Touré (1922–84), der Nkrumah nacheiferte, und schickte dann doch bereits 1960 alle anderen Kolonien in die staatliche Unabhängigkeit.

Die rasante Rückzugsbereitschaft der beiden wichtigsten europäischen Kolonialmächte lässt sich finanziell erklären. Afrika, abgesehen vom Erzbergbau im Süden, war immer nur für schmale Sektoren der Wirtschaft des jeweiligen «Mutterlandes» ein gutes Geschäft gewesen. Der Steuerzahler musste regelmäßig draufzahlen. Nach den Aderlässen des Zweiten Weltkriegs waren weder die Briten bereit, im Zeichen von *colonial development and welfare* (so hieß der entsprechende Budget-Titel) «den Aufwand langfristiger Anstrengungen und das beträchtliche finanzielle Opfer» aufzubringen, das Lord Hailey in seinem Geheimbericht 1940 an die Wand gemalt hatte, noch widersprachen viele Franzosen dem Klagelied des prominenten Journalisten Raymond Cartier, der am 18. 8. 1956 in *Paris-Match* rhetorisch fragte, «ob es nicht richtiger gewesen wäre, das Krankenhaus von Lome in Nevers zu bauen, das Gymnasium von Bobo-Dioulasso in Tarbes, und ob der Asphalt der Route Razel in Kamerun auf einer französischen Landstraße nicht besser am Platz wäre».

So standen die Afrikaner also in dem berühmten Jahr 1960 oder wenig später – nördlich der weißen Bastion Südafrika und ihres vorgeschobenen Glacis in Rhodesien sowie den portugiesischen «Provinzen» Angola und Mozambique – mit einer Unabhängigkeit da, die im Wesentlichen nur in Algerien blutig erkämpft worden war, überall sonst im Wesentlichen gewaltfrei unter Einsatz politischer Strategien (Parteiorganisation, Wahlen) und Taktiken (Streiks, Medienkampagnen), die Afrikas Antikolonialbewegungen aus den demokratischen politischen Systemen der «Mutterländer» übernahmen.

Freilich gab es einen gewichtigen Unterschied: Während Europa nach seinen katastrophalen Erfahrungen mit diversen Faschismen und mit dem Leninismus eine Mehrzahl politischer Parteien als notwendige Voraussetzung für Demokratie anerkannte, musste Afrika die Geschlossenheit der Befreiungsbewegung anstreben, um Wahlen gegen Interventionen der immer noch mächtigen Kolonialbürokratie gewinnen zu können – und auch, um Rückfällen der eigenen «nationalen» Klientel auf engere «Stammes»-Loyalitäten vorzubeugen.

Zum Problem wurde das erst, als nach erreichter Unabhängigkeit die neuen Regierungschefs daran gingen, ihre Anhänger jetzt als Führungspartei zusammenzuhalten – als Einheitspartei. Verständlich, dass sie weiterhin Wahlen gewinnen wollten; aber mussten sie dafür Zwangsmethoden aus dem Handbuch der Kolonialverwaltung weiter anwenden? Sicher, ein Nkrumah oder Sekou Touré kannte das Modell Sowjetunion – schon aus Tuchfühlung mit den Kommunisten Englands bzw. Frankreichs gleich nach 1945. Sie erkannten jedoch nicht die Katastrophe in diesem Modell, die ja erst nach ihrem Tode um 1990 weltweit offenkundig werden sollte. In den 1960er Jahren erschienen die Staaten des «Sozialistischen Lagers» den meisten afrikanischen Intellektuellen einschließlich der Regierungschefs als eindrucksvolle Vorbilder sozialer Gerechtigkeit, wirtschaftlicher Kraftentfaltung und nicht zuletzt militärischer Potenz. Hitler nahmen sie lieber nicht zur Kenntnis, er hatte ja Afrika nicht heimgesucht. Nur wenige akademische Stimmen warnten, so der afro-karibische Wirtschaftswissenschaftler W. Arthur *Lewis* [*1965:55 ff.*]: «Die Menschheit hat eine Fülle von Erfahrungen mit diesem System; es gibt keinen Grund, warum es Westafrika weniger Unglück bringen sollte, als es den anderen Ländern brachte ... Die ideologischen Ursprünge von alledem sind ... der Rohstoff des europäischen Totalitarismus. Die Einheitspartei, die das ganze Volk vertritt, ist der faschistische Zweig; die Einheitspartei, die nur die Unterdrückten vertritt, ist der kommunistische Zweig.»

Wenigstens in einem Land ging man von Amts wegen daran, über eine Verbindung von Demokratie und Einparteiensystem nachzudenken. Nyerere, bis 1985 Präsident des Ende 1961 aus britischer UN-Treuhandschaft in die Unabhängigkeit entlassenen Tanzania, berief im Januar 1964 nach dem Vorbild britischer *Royal Commissions* eine *Presidential Commission on the Establishment of a Democratic one Party State*. Sie legte im März 1965 ihren 34 Druckseiten umfassenden Bericht vor, den Präsident und Regierung sofort mit geringfügigen Änderungen billigten. Tanzania war bereits de facto ein Einparteienstaat – anders als Nkrumahs Ghana, wo die CPP 1965 nur 57% der Stimmen bekam. Nyereres *Tanganyika African National Union* (TANU) hatte 1960 70 von 71 Parlamentsmandaten gewonnen – wohlgemerkt: wie in England in Einmann-Wahlkreisen; nur in

13 davon trat ein anderer Kandidat an, auch dort hatte TANU fast 83% der Stimmen erhalten. Als wesentliche Neuerung wurde nun 1965 eingeführt, dass in jedem Wahlkreis zwei Bewerber gegeneinander kandidieren würden – beide von TANU ausgewählt und gleichermaßen im Wahlkampf unterstützt. Diese Regel wird seitdem in Tanzania alle fünf Jahre getreulich praktiziert. Sie hat etwas frischen Wind in das Parlament geblasen, und so mancher Abgeordnete, der sich daheim unbeliebt machte, fiel bei der nächsten Wahl durch. So mag auch zu erklären sein, dass noch 1994 in einer Meinungsumfrage 54,7% der Tanzanier sich mit der «Einparteiendemokratie» zufrieden und das gerade wieder eingeführte Mehrparteien-System für *hopeless* erklärten – und im Dezember 2005 wählte dieses Volk prompt wieder 264 Abgeordnete der Regierungspartei ins Parlament, nur 30 der stärksten Oppositionspartei und 13 andere; zum Präsidenten wurde Jakaya Kikwete (*1950) mit 80,3 % der Stimmen gewählt. Dabei hatte die Führungspartei seit 45 Jahren kaum eine bessere Bilanz der Volkswirtschaft aufzuweisen als afrikanische Durchschnittswerte.

Das Trauerspiel der Einparteienregime beherrschte Afrikas innenpolitische Bühnen mindestens zwei Jahrzehnte seit 1960 fast in allen unabhängigen Staaten. Viel trauriger noch als in Tanzania, wo Nyerere stets persönlich bescheiden blieb und sich ein Quantum Selbstkritik bewahrte, sah es in jenen Ländern aus, wo Größenwahn (Kaiser Bokassa von Zentralafrika), Personenkult (Nkrumah, Mobutu von Zaïre) oder Angst vor imaginären Verschwörungen (Sekou Touré) den Vater des Vaterlandes heimsuchten. Afrikas Diktaturen unterschieden sich damals wie heute erheblich im Grad der Grausamkeit, mit der sie Protest unterdrücken, sowie im Grad wirtschaftlichen Verfalls, den sie bewirken – weil niemand Missstände anzuprangern wagt und die fähigsten Leute deshalb in innere oder tatsächliche Emigration flüchten. Einpartei-Regime gleichen sich grundsätzlich in ihrer Illusion einer Volksgemeinschaft, in der nur Verbrecher oder Verräter am nationalen Konsens rütteln.

Wurde der Zustand unerträglich, erwartete man alsbald Rettung von jenen, die allein über Machtmittel verfügten, einen

Diktator zu stürzen: vom Militär. Im kleinen Togo machte schon im Januar 1963 ein Unteroffizier den Anfang mit der schier endlosen Kette afrikanischer Putsche – und dieser Gnassingbe Eyadema (1937–2005) sollte sich von 1967 bis zu seinem Tode als Präsident im Amt halten; die Armee reichte es dann seinem Sohn (*1966) weiter. Nkrumahs Absetzung durch Offiziere 1966, während er zum Staatsbesuch nach Peking flog, erregte weltweit Aufsehen, ebenso Nigerias Bürgerkrieg 1967–70 gegen die Sezession Biafras: sie wurde durch eine Kette von Putschen gegen ein halbwegs funktionierendes Mehrparteiensystem ausgelöst, das «nur» als korrupt galt.

Man kann unter Afrikas Militärherrschern eher konservative unterscheiden, deren Programm in etwa *No Nonsens* lautete, und Revolutionäre, besser Visionäre sozialen Fortschritts. In ein und demselben armen Land der westafrikanischen Sahelzone Burkina Faso stand für den ersten Typ General Sangoulé Lamizana (1916–2005), der 1966–80 regierte, für den zweiten Hauptmann Thomas Sankara (*1949), der im Juli 1983 putschte und beim nächsten Putsch Oktober 1987 zu Tode kam. Die einen wie die anderen traten an, um die Korruption auszutilgen, und viele Menschen trauten ihnen zu, wenigstens als neue Besen etwas besser zu kehren als die alten; Prinzipien wie Befehl und Gehorsam schienen dazu eher zu taugen als eine aus Europa importierte, schwer verständliche Demokratie, von der Nyerere 1963 spottete, sie «reduziere Politik auf die Ebene eines Fußballspiels ..., das nur die eifrigsten Fans (die üblicherweise nicht die intelligentesten sind) sehr ernst nehmen».

Trotzdem schafften auch die Offiziers-Präsidenten Afrikas in aller Regel die Korruption keineswegs ab. Denn immer noch fehlten die Korrektive freier Debatte und der Verleihung von Macht nur auf Zeit. Ausnahmen blieben General Olusegun Obasanjo (*1937) in Nigeria, als er 1979 nach drei Jahren die Regierungsgewalt an gewählte Volksvertreter übergab (die sie nicht lange behielten), oder Fliegerleutnant Jerry Rawlings (*1947) in Ghana, der sich zweimal – 1979 und 1981 – an die Macht putschte, um dann Ende 2000 nach zwei Amtsperioden als gewählter Präsident verfassungsgemäß abzudanken.

Auch mit den Bürgerkriegen, die nach der Unabhängigkeit keineswegs alle, aber doch allzu viele Staaten Afrikas ins Unglück stürzten und millionenfach Flüchtlingswanderungen auslösten, wurden die Herrscher in Uniform kaum besser fertig als die in Zivil. Zwar unterwarfen Nigerias Generäle nach drei Kriegsjahren 1970 Biafra, und Mobutu (1930–97) hielt seine Widersacher von 1966 bis 1996 in Schach. Im Sudan dagegen herrscht seit 1955 Bürgerkrieg. Damals begann der Aufstand der teilweise christianisierten Völker im Süden gegen die arabisch-islamische Herrschaft des Nordens. Generäle und mehr oder weniger islamtreue Zivilisten lösten sich an der Regierung ab: Erst im März 2005 gelang es, mit dem Süden einen prekären Frieden zu schließen. Da war der Aufstand im Westen, in Darfur, samt Repression durch Armee und Milizen, schon zwei Jahre alt; er hat bis 2008 angeblich (UN-Schätzung) 300 000 Tote gekostet und Millionen Menschen in Flüchtlingslager getrieben.

In Äthiopien brachte der Sturz der Monarchie durch junge Offiziere 1974 Krieg in Nord (Eritrea) und Süd (gegen die Oromo). Der Staat Somalia zerfiel 1991 völlig. In Uganda eroberte Yoweri Museveni (*1944) die Macht nach erfolgreichem Kleinkrieg 1986, exportierte den Bürgerkrieg alsbald 1990 nach Rwanda, 1996 nach Kongo und muss sich im Norden seines Landes selbst mit Rebellen herumschlagen.

Um das Jahr 1985 kumulierte vor allem in den rasch wachsenden Städten Afrikas, vor allem bei Intellektuellen, die sich nach einem Leben als Bürger westeuropäischen Zuschnitts sehnten, und in der gewerkschaftlich organisierten Arbeiterschaft die Unzufriedenheit zu einer aktiven Demokratiebewegung. Väter des Vaterlandes, die sich unersetzlich wähnten, wurden in freier Wahl geschlagen – Kaunda (*1924) in Zambia, Banda (ca. 1898–1997) in Malawi. Nigeria wählte 1999 Obasanjo zum Präsidenten, der unter General Abacha (1943–98), einem besonders finsteren Diktator, ab 1995 als «Verschwörer» im Gefängnis gesessen hatte. Seit 1994 gelingen in Südafrika freie Parlamentswahlen, die trotz Übermacht des ANC ein aktives Mehrparteiensystem etablieren. Senegal, Benin, Mali, Ghana gelten seit einem Jahrzehnt als stabile Demokratien.

Es gibt allzu viele Gegenbeispiele – den von Massakern ge-
zeichneten Bürgerkrieg des algerischen Militärs gegen islamische Fundamentalisten, seit 1992 deren Wahlsieg «drohte»;
Völkermord an den Tutsi in Rwanda 1994, seit 2003 in Darfur;
Kindersoldaten und Diamantenschmuggel in Liberia und Sierra
Leone. Wo neue Führer gewählt wurden, hört man Klagen, sie
regierten so autoritär und korrupt wie die alten. In vielen Dörfern herrschen immer noch Großleute als Despoten [vgl. *Mamdani 1996*]. Vollständiger Staatszerfall in Somalia …

Im Überblick sind Afrikas politische Systeme zu einem großen Teil noch 2010 geprägt durch den Schwung, für den sym-
bolisch die Zahl 1960 steht, – die Befreiung aus europäischer
autoritärer Kolonialherrschaft durch eine möglichst alle Kräfte
(sprich: Regionen, Volksgruppen, soziale Klassen und Kasten)
der Bevölkerung eines einst willkürlich abgegrenzten Territori-
ums konzentrierende «National»-Bewegung, oft genug not-
wendigerweise ebenso autoritär geführt.

Nur in wenigen Staaten allerdings sind diese Befreiungsbewegungen bis heute an der Macht geblieben, meist in den spät
befreiten Ländern: Südafrika, Namibia, Zimbabwe, Eritrea,
Mozambique. Sie alle hatten bewaffnete Kämpfe führen müssen. Sie gewinnen mehr oder weniger korrekte Wahlen – außer
in Zimbabwe und Eritrea; dort herrscht Diktatur.

Dadurch unterscheidet sich die *governance* dieses Typs zumindest in zwei Staaten eindeutig negativ von der in einigen anderen Ländern, wo kein bewaffneter Kampf nötig war und
doch führende Parteien regelmäßig eine Wahl nach der anderen
gewinnen – anscheinend, jedenfalls nach dem Urteil der meisten auswärtigen Beobachter, unter ähnlich annehmbar demokratischen Bedingungen wie in Südafrika oder Namibia. Das
gilt zum Beispiel für Tanzania, für Botswana.

Andernorts haben sich Präsidenten, die vor geraumer Zeit
einmal als Hoffnungsträger auf Fortschritt, Entwicklung, Demokratie galten (egal, ob sie durch Wahl, Putsch oder Bürgerkrieg ins Amt kamen), in diktatorischer Machtfülle verschanzt
– mit oder ohne den Mantel einer gehorsamen Partei – und
schnüren jeder politischen Opposition die Luft ab. Typisch ist

Libyens «Revolutionsführer» Muammar al-Gaddafi (*1942), seit 1969 an der Macht. Kamerun geht es seit 1982 ähnlich, Tunesien seit 1987, Sudan seit 1989, Äthiopien seit 1991.

Die Variante, Diktatur zu vererben, wurde für Togo oben erwähnt; Kongo-Kinshasa hatte sie schon 2001 erprobt, Gabun folgte 2009. Dem ägyptischen Präsidenten Mubarak (*1928) traut man ein ähnliches Arrangement zu.

Alle Präsidial-Diktaturen im heutigen Afrika aufzuzählen, würde eine bedrückend lange Liste ergeben. Sie halten sich an der Macht durch Austeilung von Pfründen an eine ausreichend breite Klientel. Es lässt sich nicht leugnen, dass diese Regierungsform (in Anlehnung an Max *Weber* oft als „neo-patrimonialistisch" beschrieben) aufs Ganze gesehen der afrikanischen Demokratie-Bewegung erfolgreich widerstanden hat.

Auch Militärputsche sind immer noch an der Tagesordnung, und wiederum eine Enttäuschung erlebte damit jüngst Guinea, dessen Volk 1958 als erstes im französischen Kolonialreich die Unabhängigkeit gewählt hatte: am 23.12.2008 ergriff der 44 Jahre junge Hauptmann Camara nach dem Tod des zuvor seit 1984 amtierenden Diktators die Macht. Seine Truppe erschoss am 28.9.2009 in der Hauptstadt Conakry mindestens 90 Demonstranten, die Demokratie forderten. Am 3.12.2009 schoss sein Adjutant Camara in den Kopf; er überlebte und versprach im Januar 2010, fern von Guinea freie Wahlen abzuwarten.

In wenigen Ländern hat sich immerhin die demokratische Regierungsform, der formal auch die meisten Diktaturen seit 1990 huldigen, tatsächlich bei ihrer Probe aufs Exempel bewährt; gemeint ist die Wahl eines Oppositionspolitikers zum Regierungschef gegen den Kandidaten der bisherigen Regierungspartei: von Zambia und Malawi war bereits die Rede. In Senegal unterlag im März 2000 Präsident Diouf (*1935) dem langjährigen Oppositionsführer Abdoulaye Wade (*1926). In Ghana schlug 2000 John A. Kufuor (*1938) mit 57,4 % der Stimmen den bisherigen Vizepräsidenten John Atta-Mills (*1944); dieser wiederum siegte Ende 2008 mit 50,2 % über den Kandidaten der Partei Kufuors, der nur auf 49,8 % errang.

Nigeria, mit seinen vermutlich 140 Millionen Menschen bei

weitem das volkreichste Land Afrikas und einer der weltweit wichtigsten Erdöl-Produzenten, begann schon 1966 mit einem unheilvollen Wechselspiel von Putschen und Demokratie-Experimenten. Nach zwei Amtszeiten des gewählten, aus dem vorwiegend christlichen Süden des Landes stammenden Präsidenten Obasanjo seit 1999 (desselben, der 1979 seine Herrschaft als Militärdiktator freiwillig beendet hatte) löste die Wahl Umaru Yar'Aduas (*1951 im muslimischen Norden) zu seinem Nachfolger im April 2007 mit 70 % der Stimmen wieder einmal Beschwerden über angebliche Fälschungen der Ergebnisse aus.

In Kenia, wo am 27.12.2007 ein Anlauf zu demokratischem Machtwechsel von Präsident Mwai Kibaki (*1931) zum Oppositionsführer Raila Odinga (*1945) scheiterte und Bürgerkrieg drohte, setzten internationale Vermittler einen Kompromiss durch – gemeinsame Regierung des alten Chefs als Präsident und des Herausforderers als Premierminister. Diese Formel kann sich auf die alte Tradition der Einheit in einer nationalen Befreiungsbewegung berufen, und sie hatte eine Chance, zu einer typisch afrikanischen Konfliktlösung zu avancieren, als man mit ihr wenig später im Februar 2009 auch in Zimbabwe experimentierte. Dort jedoch scheint sie sich schlechter zu bewähren. Von einem aufrichtigen *power sharing*, also Machtteilung oder (besser übersetzt) gemeinsamer Machtausübung Präsident Mugabes mit dem ihm als Premierminister aufgedrängten Rivalen, dem vermutlichen Wahlsieger von 2008 Morgan Tsvangirai (*1952), kann keine Rede sein.

X. Afrika unter den Vereinten Nationen

Die Vereinten Nationen (UN) sind die gute Nachricht für die Geschichte der Menschheit in der zweiten Hälfte des 20. Jahrhunderts. Noch ist nicht abzusehen, ob sie schwerer wiegt als die schlechte Nachricht, die exakt im selben Jahr 1945 verkündet wurde: die Verwendung der Atomkern-Spaltung als Massenvernichtungswaffe. Afrika hat am nuklearen Wettrüsten zu seinem, zu unser aller Glück keinen Anteil – keinen Anteil mehr, seitdem die Republik Südafrika um das Jahr 1990 mit der *Apartheid* auch ihre Kernwaffen verschrottet hat.

Die Vereinten Nationen sind für das nachkoloniale Afrika wichtig in dreifacher Hinsicht. Sie haben einigen zufällig betroffenen Völkern in den früher deutschen und italienischen Kolonien bald nach 1945 über ihr Treuhandsystem den Weg zu gewaltloser Befreiung erleichtert. Politiker aus diesen Ländern durften vor den zuständigen Gremien in New York sprechen, die Verwaltungsmächte mussten Jahresberichte vorlegen, in der Spätphase der Entkolonisierung überwachten die UN in Kamerun und Togo Volksabstimmungen.

Zweitens: Die große Zahl neuer afrikanischer Staaten, wegen des Zwergenmaßes vieler unter ihnen einerseits eine Quelle politischer und wirtschaftlicher Schwäche, wirkt sich paradoxerweise in der Generalversammlung der UNO, wo Äquatorial-Guinea eine Stimme hat und die Volksrepublik China auch nur eine, als Gewicht für die afrikanische Staatengruppe aus – vorausgesetzt, sie stimmt einigermaßen geschlossen ab. Das hat sie in der Regel getan, während des Kalten Krieges im Zeichen der Blockfreiheit. Seit der Erweiterung des Sicherheitsrats auf zehn nicht-ständige Mitglieder 1965 ist Afrika dort immer durch zwei Staaten vertreten. Gemeinsam haben die UN-Vertretungen des unabhängigen Afrika durchgesetzt, dass seit Beginn der 1970er Jahre die kriegführenden Befreiungsbewegungen aus dem südlichen Afrika und Guinea-Bissau einen Beobachterstatus bei der UNO erhielten, folglich mitreden und dadurch maßgeblich mithelfen konnten, den internationalen Druck auf das weiße Südafrika, das weiße Regime in Rhodesien und auf Portugal zu erhöhen.

Drittens: Seit 1960 am Kongo nach überstürzter Entkolonisierung durch Belgien zum ersten Mal Chaos ausbrach, hat Afrika immer wieder die UN um *peacekeeping* ersucht. Ende Mai 2009 waren von weltweit über 90 000 in 17 Operationen eingesetzten Blauhelm-Soldaten und UN-Polizisten 68 480 Frauen und Männer in den 8 Afrika-Operationen tätig – die meisten seit

2007 (26 293) im Sudan, wo eine gemeinsame Truppe der UN und der Afrikanischen Union (AU) steht, 18 381 am Kongo seit 1999, 11 471 in Liberia seit 1997, 9048 in Côte d'Ivoire seit 2004, 3043 in Tschad und der Zentralafrikanischen Republik (Nachbarn Darfurs) seit 2007, schließlich 229 in der Westsahara seit 1991 und 15 in Burundi seit 2007. Von weltweit $ 7,75 Milliarden geben die UN im Jahr 2009/10 $ 5,7 Milliarden für *peacekeeping* in Afrika aus [*UN Handbook*, hrsg.vom Außenministerium Neuseelands 2009–2010; *www.un.org, Zugriff 9.12.09*]. Der Erfolg dieser aktuellen Einsätze bleibt abzuwarten. Sie wären sicher nicht erforderlich, wenn in den genannten Ländern keine akute Gefahr eines Staatsversagens bestünde. Mit einigen früheren UN-Operationen – in Somalia 1992–95, Rwanda 1994, Angola 1991–97 – hatte Afrika sich Katastrophen eingehandelt. Denn die Blauhelme traten in ungenügender Zahl, mit unzureichender Ausstattung oder mit unbrauchbaren Kompromissmandaten an. Den Katastrophen stehen Erfolge in Namibia 1989–90 und in Mozambique 1992–94 gegenüber, wo es gelang, Frieden zwischen den Kriegsparteien zu stiften. In Sierra Leone erzwangen 1999 erst Soldaten der britischen Ex-Kolonialmacht so etwas wie Ruhe, in Côte d'Ivoire hielt bis 2004 Frankreichs Armee die zerstrittenen Regionen Süd und Nord auseinander.

Bei den für die Weltwirtschaft zuständigen Internationalen Organisationen, die zeitgleich mit den Vereinten Nationen entstanden, aber bis 1990 von den Staaten des Sozialistischen Lagers boykottiert wurden, war das Gewicht Afrikas stets erheblich geringer. Denn in der Weltbank und beim Internationalen Währungsfonds (IWF) hat bekanntlich nicht jeder Staat eine Stimme, vielmehr wird das Stimmrecht nach Wirtschaftsleistung gewichtet und werden folglich beide Organisationen von den Industrienationen beherrscht. Deshalb beteiligten sich die Regierungen Afrikas gleich nach der ersten Welle der Entkolonisierung am Vorstoß aller damals 77 Entwicklungsländer, zusätzlich eine *United Nations Conference on Trade and Development* (UNCTAD) nach dem Ein-Staat-Eine-Stimme-Prinzip einzurichten. In den 1970er Jahren haben UNCTAD und in ihrem Gefolge die UNO-Generalversammlung denn auch schöne Beschlüsse über eine «Neue Weltwirtschaftsordnung» (NWWO) gefasst. Die westlichen Industriestaaten sollten in ein festes dirigistisches Korsett eingeschnürt werden, kräftig an die armen Brüder im Süden zahlen und ihnen so «helfen», die «Entwicklung» nachzuholen.

Da die Reichen aber nicht zahlen wollten und gemäß UN-Charta weder Generalversammlung noch UNCTAD mit ihren Beschlüssen irgend einen Staat binden, blieb die NWWO auf dem Papier stehen. Als es den Volkswirtschaften Afrikas seit Ende der 1970er Jahre zunehmend schlechter ging, sahen sie sich wieder an die Weltbank und besonders den IWF verwiesen, auf dessen Gütesiegel auch die bilateralen Geber von «Entwicklungshilfe» warteten, bevor sie den Geldhahn ein wenig – sehr wenig – öffneten. Auf Realisierung der großspurigen Ankündigungen, die besonders seit 2005 auf Gipfeln der G8 beliebt sind, wartet Afrika noch. 2008 flossen 44 Milliarden $ ODA (*official development aid*) nach Afrika, an erster Stelle nach Äthiopien (3,3 Mrd. $), gefolgt von Sudan (2,4): nicht gerade «lupenreine Demokratien» … Danach kommen Tanzania (2,3), Mozambique (2,0), Uganda (1,7), Kongo-Kinshasa (1,6), die Demokratien Ghana (1,3) und Senegal (1,0) nehmen erst Platz 9 und 13 unter den 13 Staaten Afrikas ein, die mehr als 1 Mrd. $ bekamen [*www.oecd.org/dac/stats, Zugriff 5.1.2010*]. Für 2007 meldet die Weltbank 44 $ pro Kopf ODA für Afrika südlich der Sahara [*World Development Report 2010:387*].

Warum geht es Afrika nicht besser? Vor allem, weil es den Bauern schlecht geht, obwohl die Weltbank schon seit 1981 predigt, es müsse ihnen erlaubt werden, bessere Preise für ihre Erzeugnisse zu erzielen. Bis etwa 1970 hatten die Bauern allen Afrikanern einigermaßen die Ernährung sichern können, und diejenigen unter ihnen, die *cash crops* für den Export erzeugten, profitierten sogar ein wenig von der Erholung der Rohstoffpreise im so genannten Korea-Boom nach 1950 (der auf den Zusammenbruch der Preise in der Weltwirtschaftskrise ab 1930 folgte). 1990 lebten 66,2 % aller Afrikaner (einschließlich Nordafrika) auf dem Lande, 2005 immer noch 60,4 %; die

Landwirtschaft trug 2005 jedoch nur 14 % zum Bruttosozial-
produkt bei. Schon 1998 klagte die von allen Staaten Afrikas
betriebene *African Development Bank*, aus deren Statistik die
vorstehenden Ziffern stammen: «Langfristig war die Leistung
der Landwirtschaft schwach ... In den letzten zwanzig Jahren
fiel die Nahrungsmittelerzeugung pro Kopf im größten Teil
Afrikas um 1,6 %, besonders in großen Ländern wie Kenia,
Tanzania, Sudan, Kongo-Kinshasa, Äthiopien und Nigeria.
Nur eine Handvoll Länder, darunter Kamerun, Côte d'Ivoire,
Mauritius, Rwanda und Zimbabwe, haben einige Verbesserun-
gen festgestellt.» [*ADB 1998:34ff.*]

Die Ursachen für diesen Verfall sind vor allem bei dem bis-
lang (von HIV/AIDS wird noch zu reden sein) rapiden Bevölkerungswachstum zu suchen; von etwa 200 Millionen im Jahre
1950 auf jetzt (2008) 981 Millionen. Erst in zweiter Linie ist der
Wettergott für die schwache Landwirtschaft verantwortlich zu
machen, der Äthiopien oder den Sahel mit Dürre straft. Politik
ist mitschuldig (nicht nur in Zimbabwe). Seit der Kolonialzeit
wollen Regierungen den Bauern vorschreiben, wie sie zu wirtschaften haben – die irgendeinem Sozialismus nacheifernden
kaum eindringlicher als solche, die dem Markt Lippenbekennt-
nisse zollen (und trotzdem in kolonialer Tradition autoritär ver-
walten); dabei wissen Bauern am besten, was sie ihrem Boden
und Klima abverlangen können, und reagieren auf bornierte
Obrigkeit mit Trotz.

Die Teufelskreise sind aber auch international verzahnt. 1973
und 1978 trieb die OPEC den Ölpreis in die Höhe: Am schwers-
ten traf das Länder, deren Transportwesen auf die Straße ange-
wiesen ist – also Afrika. Nachhaltige Schädigung der Trans-
port- (und anderer!) Infrastruktur verbitterte wiederum die
Bauern noch mehr als die Stadtbewohner, die auch leichter
randalieren können. Auf der anderen Seite spülten die Petro-
Dollars Liquidität in das internationale Finanznetzwerk, und
die Banken warfen in den 1970er Jahren afrikanischen Regierungen Kredite geradezu nach, während die westlichen Industriestaaten an ihrer «Entwicklungshilfe» zu sparen begannen.
Ab 1980 steckte Afrika bis zum Hals in der Schuldenfalle. Seit

die Schulden bedient werden, floss – jedenfalls vor dem spektakulären Schuldenerlassbeschluss der G8 von 2005 – etwa so
viel Kapital aus Afrika ab, wie an ODA hereinkam; 2001 z. B.
standen laut Weltbank rund $ 15 Mrd. Schuldendienst gegen
$ 16,8 Mrd. ODA.

Afrikas fortschrittsgläubige Regierungen hätten gern die Industrialisierung vorangetrieben. Man kann das im *Lagos Plan
of Action* der Organisation Afrikanischer Einheit von 1980
[*OAU 1982*] nachlesen. Dabei sorgte die politische Blickrichtung dafür, dass man sich eher Westeuropa zum Vorbild nahm
(wo vor 150 Jahren völlig andere Bedingungen galten) oder die
scheinbar so erfolgreiche Sowjetunion – das versuchte Algerien
und scheiterte trotz seines Erdöls –, nicht aber das einzige Land
des eigenen Erdteils, wo die Befreiung von kolonialer Herrschaft jedenfalls dem Minderheitsvolk, das seitdem die politische Macht ausübte, auf buchstäblich goldenem Boden Wohlstand in einer halbwegs ausbalancierten Industriegesellschaft
verschafft hatte: Südafrika. Man wollte ja auch die Gesamt-Nationen entwickeln, aufbauen, nicht Ausbeutung durch eine
Minderheit organisieren; ich denke, die meisten Regierungen
meinten es ehrlich.

Gut gemeint ist auch NEPAD, die 2001 von Südafrikas Thabo
Mbeki zusammen mit Nigerias Obasanjo und anderen Präsidenten lancierte *New Partnership for Africa's Development*. Mit
einer wahren Flut von Papieren huldigt NEPAD dem Grundsatz,
dass ordentliches Wirtschaften und «Gutes Regieren» zusammenhängen, und wagt sich in einem Text vom 18. Juni 2002 zu
dem Bekenntnis vor, dass *Good Governance* und Demokratie
identisch sind, und dass zu den «Kernwerten» der Demokratie
the rule of law, politische Parteien im Plural (!) und Gewaltentrennung gehören. Afrikas Regenten wollen sich künftig gar über
die Zäune ihrer Souveränität hinweg gegenseitig auf die Finger
sehen. Dieses Vorhaben nennen sie *peer review*, und immerhin
27 der 53 NEPAD-Mitgliedstaaten haben sich bis 2007 dieser
Initiative angeschlossen [*vgl. Beckmann 2007*]. Erste Berichte
über Ghana, Rwanda und Kenia lagen bis Mai 2006 vor.

Es gab Ansätze industriellen Unternehmertums an einigen

Stellen, zum Beispiel in Kenia oder Nigeria, wo der Staat auf sozialistische Experimente verzichtete. Zu nachhaltiger Industrialisierung reichte es nicht. Auslandskapital wurde durch Korruption und Bürgerkriege abgeschreckt. Einfacher schien es, mit dem aus Steuern und «Entwicklungshilfe» erreichbarem Geld den Beamtenapparat aufzublähen, um wenigstens einige kleine Leute aus dem eigenen Clan zufrieden zu stellen. Doch, das kam auch Schulen und Kliniken zugute! Im Endeffekt wies Afrikas Bruttoinlandsprodukt 2005 laut ADB neben dem schwachen Agrarsektor von 14 % einen Industriesektor von 39,5 % und einen «Dienstleistungs»-Sektor von 46,5 % auf. Modern ist eine solche Struktur freilich nur auf den allerflüchtigsten ersten Blick.

IWF und Weltbank schrieben Afrika seit 1981 – also zeitgleich mit dem OAU-Wunschkatalog von Lagos – ihre eigene *Agenda for Action* vor, beginnend mit dem so untertitelten Berg-Report (so genannt nach seinem Hauptbearbeiter) [*World Bank 1981*]. Anders als die OAU verfügten die beiden in Washington residierenden Organisationen über die Macht, ihre Vorstellungen in einer Serie von Abkommen zur Strukturanpassung, die der IWF mit den Regierungen Afrikas «aushandelte», wirklich durchzusetzen. Das Sanierungsrezept ist im Grunde überall gleich und zum Teil auch in Deutschland seit 1990 bekannt [vgl. *Ansprenger 1995:202*]: Privatisierung von Staatsbetrieben, Abspecken der Staatsausgaben vor allem für Personal (weniger für Waffenkäufe), Deregulierung von Dienstleistungen. Für Afrika kamen hinzu Liberalisierung des Außenhandels und Abwertung der Währungen (um die Exporte auf dem Weltmarkt zu verbilligen), wozu sich nach zähem Widerstand schließlich im Januar 1994 sogar Frankreich bereit fand, das den Franc CFA der meisten seiner Ex-Kolonien garantierte (ursprünglich stand die Abkürzung für *Colonies Françaises d'Afrique*, seit 1960 für *Communauté Financière Africaine*). Von der letztgenannten Maßnahme sollten die Bauern profitieren; aber wie viel Tassen Kaffee verträgt ein Europäer pro Tag – und in Europa wächst die Bevölkerung nicht? Folglich stagnieren die Agrarexporte Afrikas trotz der Abwertung, und die Rohstoffpreise blieben niedrig.

Die Bilanz der so genannten Strukturanpassung, das heißt einer Anpassung an einen vor allem auf amerikanischen Wunsch sich liberalisierenden Weltmarkt, auf dem Afrika nicht nur gegen USA, EU und Japan, sondern auch gegen die Rudel kleinerer Tiger in Asien und Lateinamerika konkurrieren müsste, ist – vorsichtig gesagt – umstritten.

Zu fragen ist auch nach der politischen Leistung der OAU in den fast vierzig Jahren ihrer Geschichte. Eins hat die OAU mit den Vereinten Nationen gemeinsam: Ihre größte Leistung ist, überlebt zu haben. Seit die OAU im Mai 1963 in Addis Abeba als Verbund der damals schon unabhängigen Staaten Afrikas gegründet wurde, ist nur ein Staat ausgetreten – Marokko, dessen König Hassan II. (1929–99) nicht verwinden konnte, dass die OAU 1984 die «Demokratische Arabische Republik Sahara» als Mitglied aufgenommen hatte. Dieser Phantomstaat war 1976 von der POLISARIO-Befreiungsfront für die Ex-Kolonie Spaniens gegenüber den Kanarischen Inseln proklamiert worden, während Spanien sich mit Marokko (und Mauretanien, das 1979 aus dem Konflikt ausschied) auf eine Übertragung der Souveränität geeinigt hatte. Seitdem bekriegen sich Marokko und die POLISARIO (*Frente Popular para la Liberación de Saguía et Hamra y Rio de Oro*) mit wechselnder Intensität; sie hängt vor allem davon ab, wie kräftig Algerien die POLISARIO unterstützt. Weder die OAU noch die UN, die mit bescheidenem Aufwand (183 unbewaffnete Militärbeobachter, 28 bewaffnete Blauhelme, 4 Polizisten, 101 Zivilbeamte Anfang 2007) versuchen, eine Volksabstimmung zu organisieren, konnten den Konflikt bisher lösen.

Alle Staaten Afrikas, die seit 1963 unabhängig wurden, nach dem demokratischen Umschwung 1994 auch die Republik Südafrika, sind sofort der OAU beigetreten. Das fiel den Regierungen leicht, denn die OAU hat sich niemals das Ziel gesetzt, ihre Souveränität zugunsten Afrikanischer Einheit zu untergraben. Im Gegenteil, die Gründung der OAU war nur möglich, weil fast alle damals versammelten Regierungschefs den Ideen Kwame Nkrumahs, der als Erbe der alten panafrikanischen Bewegung ein *continental government for Africa* [*Nkrumah 1963:216ff.*]

vorschlug, eine klare Absage erteilten – und Nkrumah das akzeptierte. Die Charta der OAU schrieb unter *Artikel III –
Grundsätze* als erste Punkte fest: «(1.) Achtung vor der Souveränität und territorialen Integrität jedes Mitgliedstaates; (2.)
Nicht-Einmischung in die inneren Angelegenheiten der Staaten;
(3.) Achtung vor der Souveränität und territorialen Integrität jedes Staates und vor seinem unveräußerlichen Recht auf unabhängige Existenz» – also faktisch die von den Kolonialmächten
gezogenen Grenzen – und deutlicher noch «(5.) Rückhaltlose
Verurteilung aller Formen des politischen Mordes, sowie subversiver Betätigung von seiten benachbarter Staaten oder anderer Staaten». Das war eine Antwort auf die Ermordung des Präsidenten Sylvanus Olympio von Togo am 13. Januar 1963 durch
putschende Soldaten, was jedoch Togos Einbeziehung in die
OAU nicht hinderte. Gewiss unterminierten manche Regierungen fortlaufend die Regierungen anderer Staaten – und Nkrumah als Erster! –, aber sie verstießen damit gegen die Charta der
OAU und taten es deshalb heimlich.

Zum Jahrtausendwechsel trat Libyens Führer Muammar al-
Gaddafi (* 1942) in Nkrumahs Fußstapfen. Auf sein Betreiben
beschloss die OAU, sich in eine neue *African Union* (AU) zu
verwandeln. Im Mai 2001 war es so weit. Die AU hat laut
Charta 26 edle Grundsätze, darunter Verurteilung des Terrorismus und von Militärputschen. Sie erhält einen Gerichtshof und
ein Panafrikanisches Parlament: Sitz in Südafrika (das die Kosten
zahlt), je fünf Abgeordnete aus jedem Mitgliedstaat, zuständig
für «Beratung» der Regierungen ... Wie NEPAD kennt sie *peer
review*. Beschlüsse der Gipfeltreffen sollen im Konsens zustande
kommen – oder (immerhin!) mit 2/3-Mehrheit. Das Sekretariat
heißt jetzt «Kommission». Aber in den neuen Kleidern steckt die
alte OAU. Man übernimmt nur Formeln vom offenkundigen
Vorbild EU. Der Kommissionspräsident, 2003–08 Alpha Oumar
Konaré (* 1946), davor Malis demokratisch gewählter Präsident,
seitdem Jean Ping (* 1942) aus Gabun, hat es nicht leicht.

Prüfstein für die Fähigkeit der AU, in Bürgerkriegen Frieden
zu stiften, ist Darfur. Die 2004 dorthin geschickte AU-Militär-
und Polizeimission hat bis 2010 nichts Wesentliches erreicht,

obwohl sie (wie berichtet) in eine Partnerschaft mit den UN – fast möchte man sagen: flüchtete.

Es gibt einen zweiten Prüfstein für die Leistungskraft der AU in Verbindung mit den UN und anderen Stützen der «Internationalen Gemeinschaft» – ohne Militär. Das ist der Kampf gegen HIV/AIDS. UNAIDS schätzt, dass 2008 von etwa 2 Millionen AIDS-Toten weltweit 1,4 Millionen in Afrika südlich der Sahara starben, Medikamente gibt es, sie sind teuer, die Pharmaindustrie wehrt sich gegen die Produktion billiger Nachahmungen. Südafrikas Präsident Mbeki wollte jahrelang nicht wahr haben, dass ein Virus AIDS verursacht. Es gibt also viel zu tun – juristisch, ökonomisch, technisch, nicht zuletzt politisch. Gerade die AU müsste Dampf machen. Auf ihrem Gipfeltreffen im Januar 2007 hatte sie nichts dazu zu sagen.

Seit 1986 gilt eine 1981 von den OAU-Regierungschefs beschlossene *African Charter on Human and Peoples' Rights* [Text u. a. bei *Sesay et al. 1984:109–124*]. Man ist stolz darauf, besonders fortschrittlich zu sein und die kollektiven Menschenrechte der so genannten Dritten Generation (nach den klassischen individuellen Abwehrrechten gegen den Staat und sozialen Rechten) berücksichtigt zu haben, etwa das Selbstbestimmungsrecht aller Völker, ihre freie Verfügung über ihre Naturschätze, das Recht auf Entwicklung, das Recht auf Frieden, auf eine «allgemein zufriedenstellende» Umwelt ... Ein großes und schönes Programm. Es gibt sogar eine Kommission, bei der sich jeder Einzelne über die Verletzung seiner Rechte durch den eigenen Staat beschweren kann – wie ein Europäer beim Gerichtshof für Menschenrechte in Straßburg. Nur: die elf Mitglieder der afrikanischen Kommission werden von den Regierungschefs der AU ernannt. Ergebnis (nur ein Schnappschuss): auf ihrer 33. Sitzung im Mai 2003 beschloss die Kommission über 4 Beschwerden; drei wies sie zurück, eine (gegen Äthiopien und Eritrea wegen gegenseitiger Massenvertreibungen im Krieg 1998/9) vertagte sie.

Ein weiterer Grundsatz der OAU-Charta war «(4.) Friedliche Beilegung von Differenzen durch Verhandlung, Vermittlung, Aussöhnung oder Schiedssprechung». Es gelang der OAU lange

Zeit, die Kriegslust mancher Herrscher zu bremsen. Algerien und Marokko lieferten sich im Oktober 1963 Kämpfe um die Sahara-Grenze, 1964 folgte ein erster Krieg zwischen Äthiopien und Somalia um die Provinz Ogaden: In beiden Fällen vermittelte die OAU ein glimpfliches Ende des Blutvergießens. Im Oktober 1978 ließ Präsident Nyerere die tanzanische Armee in Uganda einmarschieren und stürzte die Diktatur Idi Amins (1928–2003), übertrug jedoch die Regierung schon im April 1979 ugandischen Ex-Emigranten, bevor die OAU sich räuspern konnte.

Langwierige Kriege großen Formats erlebt Afrika erst seit Mai 1998, als Äthiopien und Eritrea aneinander gerieten, obwohl beide von einst gegen Äthiopien verbündeten Ex-Guerilla-Chefs regiert werden. Im Juni 2000 vermittelte die OAU einen wackligen Waffenstillstand, den die UN mit 2278 Blauhelm-Soldaten (Stand Januar 2007) überwachen. Mit voller Wucht traf der Krieg Afrika im Oktober 1998, als Zimbabwe, Angola und Namibia am Kongo mit Truppen zugunsten des 1997 im Bürgerkrieg siegreichen Präsidenten Laurent-Désiré Kabila (1941–2001) intervenierten, während Uganda und Rwanda offen die Rebellen gegen Kabila unterstützten. Dieser Krieg wichtiger Staaten Afrikas gegeneinander bedrohte ernsthaft das Fundament der OAU wie der AU. Er wurde durch den am 1. April 2003 in Südafrika unterzeichneten Friedensvertrag gestoppt, der vorerst tatsächlich unter dem löchrigen Schirm einer UN- und dem symbolischen einer EU-Truppe zu anerkennbar freien Wahlen führte, bei denen Joseph Kabila (*1971) am 29. Oktober 2006 mit 58 % der Stimmen das Amt seines Vaters erbte – nach togoischem Muster.

Bald darauf, zu Weihnachten 2006, marschierte Äthiopien nach tanzanischem Muster in Somalia ein und vertrieb zugunsten einer im Oktober 2004 in Kenia erfundenen Phantomregierung und zum Wohlgefallen der USA islamische Regenten aus der Hauptstadt.

Im Januar 2005 beschloss die Gipfelkonferenz der AU einen *Non-Aggression and Common Defence Pact*. In Kraft trat dieser anspruchsvolle Vertrag am 18. Dezember 2009, nachdem endlich 15 (!) Mitgliedstaaten sich entschlossen hatten, ihn zu ratifizieren – zuletzt Burkina Faso.

Kriegsgewalt an sich war der OAU nie fremd. Um «vollkommene Emanzipation der noch abhängigen afrikanischen Gebiete» zu erreichen, richtete sie 1964 in Daressalaam/Tanzania ihr Befreiungskomitee ein, das Unterstützung für die Bewegungen aus dem südlichen Afrika koordinieren sollte. Es tat das im Wesentlichen dadurch, dass es für die Anerkennung einer Organisation als Befreiungsorganisation deren Verpflichtung auf den «bewaffneten Kampf» forderte. Die Anerkennung durch die OAU öffnete dann die Tür zum Beobachterstatus bei den Vereinten Nationen. Die finanzielle Unterstützung freilich blieb spärlich, denn die OAU litt chronisch unter Geldmangel. Allzu wenige Mitgliedstaaten zahlten pünktlich Beiträge (der AU geht es nicht besser – im Januar 2007 waren nur 23 Staaten im Reinen, darunter immerhin Nigeria, Südafrika, Äthiopien, Ghana – und Zimbabwe). Brauchbare militärische Rüstung mussten sich die Befreiungsbewegungen anderswo beschaffen; dafür stellte 1968–90 die Sowjetunion ihr Lager zur Verfügung, erteilte allerdings ihre Anerkennung selektiver als die OAU.

Portugal gab sich 1974 geschlagen und räumte seine Kolonien Mozambique, Guinea und Angola. In Rhodesien beugten sich die Weißen, die 1965 ihre Unabhängigkeit von der Kolonialmacht Großbritannien einseitig erklärt hatten, 1979/80 der wirklichen Entkolonisierung; in diesem Land, das seitdem Zimbabwe heißt, errang – als einzigem der von der OAU-Befreiungspolitik anvisierten Länder – eine Partei durch freie Wahlen die Macht, die vorher nicht Klient des Sozialistischen Lagers (wenngleich ideologisch durchaus an Marx orientiert) war – die ZANU(PF) Robert Mugabes (*1925). Namibia folgte 1989/90 unter Einschaltung der Vereinten Nationen. Als letzter Staat erreichte Südafrika das Ziel der Befreiung 1990–94: Die weiße Regierung unter Frederik Willem de Klerk (*1936) takelte die *Apartheid* ab und verständigte sich mit dem ANC (*African National Congress*) Nelson Mandelas (*1918), der von der untergehenden Sowjetunion keine Waffenhilfe mehr erwarten durfte, auf eine *negotiated revolution* [*Adam&Mood-*

ley 1993] mit freien allgemeinen Wahlen und Ausarbeitung einer lupenrein demokratischen Verfassung.

Damit ist die Emanzipation Afrikas von kolonialer Herrschaft abgeschlossen; dass Frankreich weiterhin die Insel Réunion im Indischen Ozean als Übersee-Departement verwaltet, ebenfalls – auf ausdrücklichen Wunsch ihrer 131 000 Bewohner – als *collectivité départementale* die Komoren-Insel Mayotte nördlich von Madagaskar, dass Spanien an seinen *plazas* Ceuta, Mellila sowie drei kleineren an der Nordküste Marokkos festhält, dürfen wir getrost außer Acht lassen.

Mit dem Europa der EU blieb ganz Afrika südlich der Sahara lange Jahrzehnte durch ein Vertragswerk verbunden, das allenfalls mit dem Commonwealth vergleichbar ist. Es war unter dem Stichwort Lomé bekannt (die Hauptstadt Togos), seit dort 1975 die erste Fünfjahres-Konvention zwischen der Europäischen Gemeinschaft und den damals 46 AKP-Staaten (für Afrika, Karibik, Pazifik) unterzeichnet wurde. Seit dem 23. Juni 2000 hat das Stichwort gewechselt. Der neue, für 20 Jahre gültige Vertrag mit nunmehr 78 AKP-Staaten, von denen 48 in Afrika liegen (einschließlich der Republik Südafrika), wurde in Cotonou verkündet, der Hauptstadt des Togo benachbarten Benin.

Das System ist weit älter als «Lomé». Diese Partnerschaft – wie es gern genannt wird – wurzelt direkt in der Entkolonisierungsära. Als Frankreichs IV. Republik 1956/57 darauf einging, eine Europäische Wirtschaftsgemeinschaft zu errichten, nachdem sein Parlament 1954 das Projekt einer Verteidigungsgemeinschaft zu Fall gebracht hatte, stellte es die Bedingung, dass jetzt auch die Übersee-gebiete dieser EWG «assoziiert» und zum Teil von ihr finanziert werden müssten: ein Appell besonders an die Bundesrepublik Deutschland, die keine Kolonien besaß und nun einen erheblichen Teil der Kosten tragen würde. Um Europas willen stimmte Kanzler Adenauer zu, und es ergaben sich (a) das Prinzip eines offenen EWG-Marktes für die Exportprodukte der späteren AKP-Staaten, soweit sie nicht eigenen Erzeugnissen der EWG Konkurrenz machen; (b) ein *Fonds Européen de Développement* (FED), aus dem zusätzlich zur sonstigen «Entwicklungshilfe» Projekte finanziert werden, um deren Ausführung sich Firmen aus der ganzen EU und allen AKP-Staaten chancengleich bewerben können. Später kam noch (c) Geld zur Stabilisierung der AKP-Exporterlöse hinzu (STABEX, für mineralische Exporte SYSMIN) – eine Ersatzleistung für die globale Stabilisierung der Rohstoffpreise im Rahmen der NWWO, die Westeuropa Arm in Arm mit den USA und Japan den Regierungen der Dritten Welt verweigerte.

Als die 18 afrikanischen Kolonien Frankreichs, Belgiens und Italiens (es hatte 1950 auf 10 Jahre die UN-Treuhandschaft über seinen früheren Besitz in Somalia erhalten) 1960 unabhängig wurden, zeigten sich ihre Regierungen ausnahmslos an einer Fortsetzung der «Assoziation» interessiert. Dann trat Großbritannien der EWG bei und brachte seine afrikanischen Ex-Kolonien einschließlich des großen Nigeria mit. Alle fünf Jahre wurde in der Folge neu verhandelt, neu unterzeichnet. Die nur von europäischer Seite aufgebrachten Mittel des FED wuchsen von 3053 Mio. € unter Lomé I auf 13 151 Mio. für die letzten fünf Jahre unter Lomé IV (1995–2000). Bis 2007 standen unter Cotonou wieder 13,5 Mrd. € zur Verfügung; 80 % flossen nach Afrika. Überwältigend viel ist das nicht, wenn man an die 195 Mrd. € denkt, die der EU-Strukturfonds 2000–2006 für bedürftige Regionen Europas ausgab.

Seit 2002 drängt die EU, das ganze System durch wohltönend so genannte *Economic Partnership Agreements* (EPA) zu reformieren, um es mit den Richtlinien der Welthandelsorganisation (WTO) kompatibel zu machen. Die Afrikaner sträuben sich, sie sehen ihre bisherigen Vorteile gefährdet. Bis Ende 2009 ist ein regionales EPA nur 2007 für die Karibik zustande gekommen.

Politisch gibt es für die Partnerschaft ein Gerüst, das etwas aufwendiger erscheint als die Gipfelkonferenzen des Commonwealth. Die Cotonou-Konvention sieht einen Ministerrat und einen in Brüssel tagenden Botschafterrat vor, insbesondere auch eine *Assemblée parlementaire paritaire;* zu letzterer setzen sich die Mitglieder des Europäischen Parlaments mit einer gleichen Zahl von Parlamentariern aus den AKP-Staaten zusammen. Tun darf diese Versammlung genau dasselbe wie die

Generalversammlung der Vereinten Nationen, nämlich Emp-
fehlungen beschließen. Der Ministerrat darf ausführbare Beschlüsse fassen – einstimmig.

Ist das eine historische Wegweisung, um (so heißt es in Art. 17
der Konvention) «die demokratischen Prozesse durch Dialog
und Konzertierung voranzutreiben»? In anderen Artikeln ist die
Rede von Menschenrechten, von Demokratisierung, vom
Rechtsstaat, von der Zivilgesellschaft, von Marktwirtschaft, von
Frieden und Konfliktregelung, auch von Migration – ausführlich
und unverbindlich. Besser als nichts. Es ist bei dieser Partnerschaft nicht anders als beim Commonwealth, bei der *African
Union*, bei den Vereinten Nationen: Sie lassen viel zu wünschen
übrig. Aber gäbe es sie nicht, müsste man sie wohl erfinden.

Ein Blick auf die Literatur

Wer in deutscher Sprache über die Geschichte Afrikas schreiben will, steht in der Nachfolge von *Diedrich Westermann*
(1875–1956), der als evangelischer Missionar nach Togo ging,
Professor für afrikanische Sprachen an der Berliner Universität
wurde und 1939 mit der Arbeit an einem Buch begann, das erst
1952 als *Geschichte Afrikas* mit dem Untertitel *Staatenbildungen südlich der Sahara* gedruckt wurde. Westermann dachte in
den Bahnen seiner Zeit, in Vorstellungen eines paternalisti-
schen Kolonialismus. «Afrika wird das sein, was die Weißen
aus ihm machen», heißt es gleich zu Beginn seines 1937 veröffentlichten Buches *Der Afrikaner heute und morgen*. Umso
mehr hat mich beeindruckt, seit ich um 1960 begann, Wester-
manns Schriften zu lesen, dass er auch in der Hitlerzeit, als Rassismus zum schlechten Ton gehörte, respektvoll über die Afrikaner schrieb; so zwei Seiten weiter im Buch von 1937: «Im
ganzen Negerafrika tut der Eingeborene die ungelernte Arbeit
und vollendet damit eine Leistung, die höchste Anerkennung
verdient.» Mitten im Zweiten Weltkrieg, 1941, erschien Wes-

termanns *Afrika als europäische Aufgabe* – als Aufgabe für jenes Europa also, das Hitler gerade «neu ordnete»; auch hier keine Huldigung vor dem Ungeist der Herrschenden: «Wir müssen uns ... darüber klar sein, dass wir nicht einfach so wieder anfangen können, wie wir vor dreißig Jahren aufgehört haben ... Der Afrikaner ist ein anderer Mensch geworden ... Alle haben den Europäer kennen gelernt, nicht nur in seinen guten und starken Seiten, auch in seinen schwachen. Die anfängliche kindliche Bewunderung für ihn ist einer kühlen Beobachtung und manchmal auch einer leidenschaftlichen Ablehnung oder aber einer vollkommenen Gleichgültigkeit gewichen.» Auf diese Stimme aus der Vergangenheit dürfen und sollen wir heute noch hören.

Neuere Gesamtdarstellungen der Geschichte Afrikas muss man in erster Linie außerhalb des deutschen Sprachraums suchen. Der meines Wissens erste afrikanische Historiker, der sich damit (französisch, 1979 ins Deutsche übersetzt) zu Wort meldete, war 1972 Joseph *Ki-Zerbo* (1922–2006) aus Burkina Faso. Mit Vorrang habe ich bei der Vorbereitung des vorliegenden Büchleins zu den acht Bänden der von der UNESCO 1993 abgeschlossenen *General History of Africa* gegriffen, die überwiegend von Afrikanern geschrieben wurde.

Die britischen Historiker J. D. *Fage* und Roland *Oliver* gaben 1975–85, ebenfalls in acht Bänden, die *Cambridge History of Africa* heraus. Sie sind auch Vorläufer meines Versuchs insofern, als sie (Erstauflage 1962) auf immerhin 280 Seiten eine *Short History of Africa* als Penguin-Taschenbuch veröffentlichten, das seit 2002 in deutscher Übersetzung vorliegt.

In Frankreichs Historikerzunft umstritten war das Lebenswerk von Robert *Cornevin* (1919–1988), der als Kolonialbeamter Afrika kennen lernte und nach 1960 lange Jahre das Afrika-Zentrum der staatlichen *Documentation Française* leitete. Er schrieb zwischen 1962 und 1975 eine dreibändige *Histoire de l'Afrique* sowie mehrere Ländergeschichten.

Hubert *Deschamps*, der an der Sorbonne einen Lehrstuhl für Geschichte Afrikas innehatte, leitete 1970/71 die Publikation einer *Histoire Générale de l'Afrique Noire* in zwei Bänden.

John *Iliffe*, Professor in Cambridge und Schüler von Terence O. *Ranger*, der in den 1960er Jahren an den Hochschulen im damaligen Rhodesien und in Tanzania bahnbrechend für eine neue, nicht länger kolonial orientierte Sicht der Geschichte Afrikas wirkte, hat 1995 (Neuauflage 2007) seine Gesamtdarstellung unter dem Titel *Africans* vorgelegt; 1997 erschien das Buch auf Deutsch.

In Deutschland konzentrieren sich die Afrika-Historiker meist auf die letzten 200 Jahre (z. B. *Harding 1999*, *Marx 2004*). An die Jugend wendet sich *van Dijk 2004*, nun wieder die Jahrtausende überblickend.

Literaturverzeichnis

Adam, Heribert & Kogila Moodley: *The Negotiated Revolution. Society and politics in post-Apartheid South Africa.* Berkeley u. a. 1993, XVI,277 S.

ADB (African Development Bank, Hrsg.): *African Development Report 1998.* Oxford 1998, VIII,229 S.

Afrika. Geschichte von den Anfängen bis zur Gegenwart. Köln. Bd. 1: Thea Büttner: Afrika von den Anfängen bis zur territorialen Aufteilung Afrikas durch die imperialistischen Kolonialmächte. 1979, 360 S. – Bd. 2: Heinrich Loth: Afrika unter imperialistischer Kolonialherrschaft und die Formierung der antikolonialen Kräfte 1884–1945. 1979, 297 S. – Bd. 3: Christian Mährdel (Hrsg.): Afrika vom Zweiten Weltkrieg bis zum Zusammenbruch des imperialistischen Kolonialsystems. 1983, 309 S. – Bd. 4: Thea Büttner (Hrsg.): Afrika vom Zusammenbruch des imperialistischen Kolonialsystems bis zur Gegenwart. 1985, 402 S.

Allen, James de Vere: *Swahili Culture and the Nature of East Coast Settlement. The International Journal of African Historical Studies* 14 (1981):306–334.

Andersen, Uwe (Hrsg.): *Afrika. Eine Einführung.* Schwalbach/Ts. 2003, 124 S. (uni studien politik)

Ansprenger, Franz: *Schwarzafrika im Lichte weltpolitischer und weltwirtschaftlicher Trends.* In: Steinbach, Udo & Volker Nienhaus (Hrsg.): Entwicklungszusammenarbeit in Kultur, Recht und Wirtschaft (Festgabe für Volkmar Köhler). Opladen 1995:193–210.

Ansprenger, Franz: *Politische Geschichte Afrikas im 20. Jahrhundert.* München [3]1999 [a], 240 S.

Ansprenger, Franz: *Inkatha Freedom Party. Eine Kraft im demokratischen Südafrika.* Bonn 1999 [b], 175 S.

Bartnicki, Andrzej & Joanna Mantel-Nieĉko: *Historia Etiopii.* Breslau 1971 <deutsch: *Geschichte Äthiopiens.* Berlin/DDR 1978, XLII, 725 S.>

Beckmann, Markus: *NePAD und der African Peer Review Mechanism. Zum Potential politischer Selbstbindung.* Halle 2007, 23 S. (Diskussionspapier 2007–8 des Lehrstuhls für Wirtschaftsethik, Univ. Halle-Wittenberg)

Behrendt, Stephen D.: *The annual volume and regional distribution of the British slave trade, 1780–1807. Journal of African History* 38 (1997): 187–211.

Bello, Alhaji Sir Ahmadu: *My Life.* Cambridge 1962, X,246 S.

Brunschwig, Henri: *La Troque et la Traite. Cahiers d'Etudes Africaines* 2 (1962):339 ff.

Calderisi, Robert: *The Trouble with Africa. Why foreign aid isn't working.* New Haven (CT/USA) 2006, 241 S.

Cattier, Félicien: *Etude sur la Situation de l'Etat Indépendant du Congo.* Brüssel/Paris ²1906, IX,362 S.

Cissoko, Sékéné-Mody: *Documents d'Histoire de l'Ouest Africain pour l'enseignement secondaire.* Bd. 1: *Le Moyen Age – VIIe-XVIe siècle.* Paris 1965, 132 S.

Clarkson, Thomas: *An Essay on the Slavery and Commerce of the Human Species, particularly the African.* London ²1788, 167 S. (Nachdruck New York 1972)

Cobbing, Julian: *The Mfecane as Alibi. Thoughts on Dithakong and Mbolompo. Journal of African History* 29 (1988):487–519.

Collins, Robert O. & James M. Burns: *A History of Sub-Saharan Africa.* Cambridge 2007, 406 S.

Coquéry-Vidrovitch, Cathérine: *L'Afrique et les Africains au XIXe siècle. Mutatios, révolutions, crises.* Paris 1999, 350 S.

Cornevin, Robert & Marianne: *Geschichte Afrikas von den Anfängen bis zur Gegenwart.* Frankfurt/M. u. a. 1980, XV,476 S.

Curtin, Philip D.: *The Atlantic Slave Trade. A census.* Madison/Milwaukee/London 1969, XIX,3338 S.

De Klerk, W. A.: *The Puritans in Africa. A story of Afrikanerdom.* Harmondsworth 1976, 376 S.

Deschamps, Hubert: *Histoire de Madagascar.* Paris 1960, 348 S.

Dijk, Lutz van : *Die Geschichte Afrikas.* Frankfurt/New York 2004, 231 S.

Diop, Cheikh Anta: *Nations Nègres et Culture.* 2 Bd., Paris 1979, 572 S.

DuBois, W. E. Burghardt: *The Suppression of the African Slave-Trade to the United States of America 1638–1870.* New York 1969, xxxvi,335 S. (Erstauflage 1896)

Elsenhans, Hartmut: *Frankreichs Algerienkrieg 1954–1962.* München 1974, XII,908 S.

Fage, J. D. & Roland Oliver: *Kurze Geschichte Afrikas.* Wuppertal 2002, 392 S.

Fisch, Jörg: *Geschichte Südafrikas.* München 1990, 424 S.

Fortes, M. & E. E. Evans-Pritchard (Hrsg.): *African Political Systems.* London/New York/Toronto 1940, XXIII,302 S.

Geiss, Immanuel: *Panafrikanismus. Zur Geschichte der Dekolonisation.* Frankfurt/M. 1968, 489 S.

General History of Africa. Paris (UNESCO)/Oxford/Berkeley. – Bd. 1: Methodology and African Prehistory, hrsg. v. Joseph Ki-Zerbo, 1981, XXVII,819 S. – Bd. 2: Ancient Civilizations of Africa, hrsg. v. G. Mokhtar, 1981, XVII,804 S. – Bd. 3: Africa from the 7th to 11th Century, hrsg. v. I. Hrbek, 1992. – Bd. 4: Africa from the 12th to 16th Century, hrsg. v. Joseph Ki-Zerbo & Djibril Tamsir Niane, 1988. – Bd. 5: Africa from the

16th to 18th Century, hrsg. v. B. A. Ogot, 1992. – Bd. 6: Africa in the 19th Century until the 1880s, hrsg. v. J. F. Ade Ajayi, 1989, XXXI,861 S. – Bd. 7: Africa under Colonial Domination, hrsg. v. A. Adu Boahen, 1990. – Bd. 8: Africa since 1935, hrsg. v. Ali A. Mazrui & C. Wondji 1993, XXIII,1025 S.

Grill, Bartholomäus: *Ach Afrika. Berichte aus dem Innern eines Kontinents.* Berlin 2003, 384 S.

Harding, Leonhard: *Einführung in das Studium der afrikanischen Geschichte.* Münster/Hamburg [2]1994, III,190 S.

Harding, Leonhard: *Geschichte Afrikas im 19. und 20. Jahrhundert.* München 1999, XIII,272 S. (Grundriss der Geschichte 27)

Hastings, Adrian: *The Church in Africa, 1450–1950.* Oxford 1994, XIV,706 S.

Hauck, Gerhard: *Gesellschaft und Staat in Afrika.* Frankfurt/M. 2001, 319 S.

Heyden, Ulrich van der: *Rote Adler an Afrikas Küste. Die brandenburgisch-preußische Kolonie Großfriedrichsburg an der westafrikanischen Küste.* Berlin 1993, 103 S.

Hodgkin, Thomas: *Nationalism in colonial Africa.* London 1956, 216 S.

Hodgkin, Thomas: *Nigerian Perspectives. An historical anthology.* London/Oxford/New York [2]1975, XVI,432 S.

Hunwick, John O.: *Timbuktu and the Songhay Empire. Al-Sa'di's Ta'rikh al-Sudan down to 1613 and other contemporary documents.* Leiden 1999, LXV,416 S.

Iliffe, John: *Africans. The history of a continent.* Cambridge 1995, 335 S. <deutsch: *Geschichte Afrikas.* München 1997, 435 S.>

Kane, Cheikh Hamidou: *L'Aventure ambiguë.* Paris 1961, 205 S. <deutsch: *Der Zwiespalt des Samba Diallo.* Frankfurt/M. 1980, 193 S.>

Kapuściński, Ryszard: *Hebanus.* Warschau 1998 <deutsch: *Afrikanisches Fieber. Erfahrungen aus vierzig Jahren.* München [5]2003, 321 S.>

Kirkman, James S.: *Men and Monuments of the East African Coast.* London 1964.

Ki-Zerbo, Joseph: *Histoire de l'Afrique Noire. D'hier à demain.* Paris 1972, XXXII, 702 S. <deutsch: *Die Geschichte Schwarz-Afrikas.* Wuppertal 1979, 775 S.>

Klein, Herbert S.: *The Atlantic Slave Trade.* Cambridge 1999, XXI, 234 S.

Kusimba, Chapurukha M.: *The Rise and Fall of Swahili States.* Walnut Creek(CA/USA)/London/New Delhi 1999, 236 S.

Lewis, W. Arthur: *Politics in West Africa.* London 1965, 90 S.

Livingstone, David: *Missionary Travels and Researches in South Africa.* London 1857, X,687 S.

Loth, Heinrich: *Die christliche Mission in Südwestafrika. Zur destruktiven Rolle der Rheinischen Missionsgesellschaft beim Prozess der Staatsbildung in SWA (1848–1893).* Berlin/DDR 1963, 180 S.

Lugard, F. D.: *The Dual Mandate in British Tropical Africa.* London/Edinburgh [5]1965, 643 S.

Mamdani, Mahmood: *Citizen and Subject. Contemporary Africa and the legacy of late colonialism.* Princeton 1996, XII,353 S.

Markmiller, Anton: «*Die Erziehung des Negers zur Arbeit*». *Wie die koloniale Pädagogik afrikanische Gesellschaften in die Abhängigkeit führte.* Berlin 1995, 257 S.

Marx, Christoph: *Geschichte Afrikas. Von 1800 bis zur Gegenwart.* Paderborn usw. 2004, 391 S. (UTB 2566)

Nkrumah, Kwame: *Africa must Unite.* London u. a. 1963, XVII,229 S.

OAU (Organization of African Unity, Hrsg.): *Lagos Plan of Action for the Economic Development of Africa 1980–2000.* Genf ²1982, XXI,130 S.

Padmore, George: *Pan-Africanism or Communism? The coming struggle for Africa.* London 1956, 463 S.

Person, Yves: *Samori. Une révolution dyula.* 3 Bde. Dakar 1968/1970/1975, 2377 S.

Péroz, Etienne: *Au Soudan Français. Souvenirs de guerre et de mission.* Paris ⁴1896.

Ranger, T. O.: *Connexions between « primary resistance « movements and modern mass nationalism in East and Central Africa.* Journal of African History 9 (1968):437–453, 631–641.

Robinson, Ronald & John Gallagher with Alice Denny: *Africa and the Victorians. The official mind of imperialism.* London/New York 1963, XII,491 S.

Rodney, Walter: *A History of the Upper Guinea Coast 1545–1800.* Oxford 1970, IX,283 S.

Rodney, Walter: *How Europe underdeveloped Africa.* London/Dar Es Salaam 1972, 316 S. <deutsch: *Afrika – die Geschichte einer Unterentwicklung.* Berlin 1975, 236 S.>

Sesay, Amadu & Olusola Ojo & Orobola Fasehun: *The OAU after Twenty Years.* Boulder/London 1984, IX,133 S.

Stringer, Chris & Robin McKie: *Afrika – Wiege der Menschheit. Die Entstehung, Entwicklung und Ausbreitung des Homo sapiens.* München 1996, 383 S. (orig. *African Exodus,* London 1996)

Tempels, Placide: *La Philosophie Bantou.* Paris 1949, 125 S. <original flämisch 1944/45>

Tetzlaff, Rainer & Cord Jakobeit: *Das nachkoloniale Afrika. Politik-Wirtschaft-Gesellschaft. Lehrbuch.* Wiesbaden 2005, 304 S.

Van Zuylen, Pierre: *L'Echiquier Congolais ou le Secret du Roi.* Brüssel 1959.

Westermann, Diedrich: *Geschichte Afrikas. Staatenbildungen südlich der Sahara.* Köln 1952, XI,492 S. (Reprint 1968)

Williams, Eric: *Capitalism & Slavery.* London 1964, IX,285 S. (Erstdruck 1944)

World Bank (Hrsg.): *Accelerated Development in Sub-Saharan Africa. An agenda for action.* Washington DC 1981, VIII,198 S. (Berg-Report)

World Bank (Hrsg.): *Can Africa Claim the 21st Century?* Washington DC 2000, XIV,278 S.

Orientierungsdaten seit 1900

1902	Unterwerfung der Burenstaaten durch die Briten
1904/05	Aufstände in deutschen Kolonien in Südwest- und Ostafrika
1910	Südafrikanische Union autonomes Dominion im Britischen Empire
1912	Gründung des ANC Südafrikas
1919	Erster Panafrikanischer Kongress in Paris
1919	Völkerbunds-Mandate für deutsche Kolonien
1944	Einleitung politischer Reformen im französischen Kolonialreich
1945	Fünfter Panafrikanischer Kongress in Manchester fordert Unabhängigkeit für Westafrika
1948–1990	Apartheid Regierungsprogramm in Südafrika
1954–1962	Befreiungskrieg gegen Frankreich in Algerien
1957	Ghana (vorher britische Kolonie Goldküste) unabhängig
1960	Unabhängigkeit der meisten französischen Kolonien und Belgisch-Kongos («Jahr Afrikas»)
1960–1964	Blauhelm-Operation der UN am Kongo (ONUC)
1961–1974	Befreiungskriege in den portugiesischen Kolonien
1963	Gründung der Organisation Afrikanischer Einheit (OAU)
1967–1970	Bürgerkrieg in Nigeria (Biafrakrieg)
1975	Konvention von Lomé zwischen der Europäischen Gemeinschaft und zahlreichen Staaten in Afrika, Karibik und Pazifik (AKP)
ca. 1985	Beginn einer Demokratisierungsbewegung in zahlreichen Staaten Afrikas
1992–1996	Boutros Boutros-Ghali aus Ägypten UN-Generalsekretär
1994	Gewaltfreie Aufhebung der Apartheid in Südafrika
1997–2006	Kofi Annan aus Ghana UN-Generalsekretär
2001	OAU wandelt sich zur African Union (AU)

Register

Aufgenommen sind Personen (außer im Literaturverzeichnis angeführte Autoren), deren Tätigkeit maßgeblich zur Geschichte Afrikas beigetragen hat. In Klammern sind ggf. Monarchentitel und das Herkunftsland (mit seinem heutigen Staatsnamen) angegeben.